장사, 생각을 바꾸면 인생이 바뀐다

장사, 생각을 바꾸면 인생이 바뀐다

당신의 식당을
바꿔 드립니다

이경태 ✖ 정효영 지음

천그루숲

머　리　말

좋은 선생님을 만났다고 모두가 성적이 오르지는 않습니다. 본인이 노력해야 합니다. 좋은 선생님은 어디가 문제인지를 쉽게 찾아내어 빨리 고쳐주는 역할을 합니다. 하지만 학생이 매달리지 않으면 성적은 요지부동입니다. 좋은 의사를 만났어도 처방을 무시하고 좋지 않은 습관을 계속 유지하면 병은 떠나지 않습니다.

〈골목식당〉에 나온 식당들은 백종원 대표의 덕을 봅니다. 그러나 인생이 달라지는 것은 몇몇뿐입니다. 대부분은 원래대로 돌아갑니다. 심지어 전보다 더 나빠지기도 합니다. 복권 인생과 다를 바 없습니다. 대부분 복권에 당첨되기 전보다 못한 인생을 사는 것처럼, 식당도 스스로의 힘으로 일어서지 않으면 잠시 잠깐의 롤러코스터를 탈 뿐입니다. TV에 출연한 덕분에 더 빠른 속도로 추락하는 쓴맛을 보곤 합니다.

저는 대단한 컨설팅을 하지 못합니다. 뛰어난 마케팅을 알려드릴 지식도 없고, 기발한 홍보 비법도 모릅니다. 그렇다고 끝내주는 레시피를 조언할 능력도 없습니다. 그럼에도 컨설팅으로 밥벌이를 하고 있습니다. 그것도 꽤나 잘되는 밥벌이를 하고 있습니다. 심지어 남들이 볼 때는 땅 짚고 헤엄치는 것처럼 보여질 정도입니다.

이유가 있습니다. 바로 '손님의 마음'을 잘 읽어내기 때문입니다. 손님이 원하는 바를 적재적소에 적용하는 방법을 깨우친 탓입니다. 수요자인 손님과 공급자인 식당의 교집합을 절묘하게 이끌어내는 기술이 제 비법인 셈입니다.

주인도 손님입니다. 주인이라고 항상 주인의 삶만 사는 게 아닙니다. 식당 주인이 다른 식당에 갈 때는 손님으로 가고, 편의점에서도 그저 손님일 뿐입니다. 미용실도, 노래방도, 버스를 타도 손님이지 주인은 아닙니다. 그렇게 인생의 9할을 손님으로 살고 있으니 손님 입장에 설 때가 훨씬 더 많습니다. 겨우 1할 정도 내 식당에 머무를 때만 주인일 뿐입니다. 그래서 식당 주인도 손님의 눈으로 보고,

입으로 먹고, 계산해야 합니다. 모든 결정은 손님 입장에서 해야 합니다. 음식 만드는 수고를 가격에 포함하지 말아야 합니다. 좋은 자리에 가게를 차린 비용을 가격에 넣지 말아야 합니다. 수고가 많이 들어가는 메뉴를 하라고 아내가 떠밀지 않았습니다. 권리금 많이 주는 번화가에 식당을 차리라고 부모가 떠밀지 않았습니다. 모든 것은 본인이 자처해서 결정한 일입니다. 주인이 되고자 결정한 일입니다. 그 결정까지만 주인으로서 누리면 됩니다. 그 뒤부터는 오로지 손님 편이 되어야 합니다. 그래야 살아남습니다. 살아남아야 버틸 수 있습니다. 버텨야만 좋은 인생이 살아집니다.

주인의 역할은 손님이 되는 것입니다. 철저하게 손님 편으로 무장하는 것이 주인의 역할입니다. 그것을 잘해 낼수록 장사는 수월해집니다. 내 뜻대로 척척 돌아갑니다. 어느덧 손님과 내가 물아일체가 되듯이 불평불만 없는 식당이 만들어집니다. 트러블이 생기는 것은 이질감 때문입니다. 손님과 주인이 달라서 생긴 충돌입니다. 그 충돌을 없애지 않으면 손님은 떠납니다. 절대 주인이 이길 수 없습니다. 그걸 인정해야 합니다.

◆ ◇ ◆

2003년 〈맛있는 창업〉의 홈페이지를 만들어 약 10년간 무료로 운영했습니다. 그런데 힘들었습니다. 먹고사는 게 팍팍했습니다. 일이 있어도 불안했고, 미래가 불투명했습니다. 내 편인 사람이 없었기 때문입니다. 그래서 생각했습니다. '식당을 차리려는 사람들은 무엇을 원할까?' '식당을 하는 사람들은 무엇을 원할까?' 컨설팅을 받은 사람들이 진정으로 원하는 것이 무엇인지 생각했습니다. 그렇게 바라보니 〈맛있는 창업〉은 보물이 아니었습니다. 보물 같은 내용이 없었습니다. 보나마나한 정보를 나 혼자, 주인이랍시고 10년이나 애지중지한 것뿐이었습니다.

그래서 손님이 원하는 걸 담기로 결정했습니다. 나의 지식을 나만 보는 노트북에 저장하는 것이 아니라, 모두가 열어보는 맛창 사이트에 담기로 했습니다. 그리고 2012년 홈페이지를 유료로 전환했습니다. 값을 지불하겠다는 사람만 내 편으로 삼았습니다. 시장을 좁혔습니다. 대한민국 모든 자영업자를 버리고, 귀한 정보를 공부하려는 극소수의 식당 주인들만 내가 가져가야 할 손님으로 생각했습니다. 더디지만 돈을 내는 사람들이 늘어났고, 유료화 덕분에 먹고사는 문제가 해결되니 더 많은 양질의 정보를 채우고, 또 그 양질의 정보가 보는 이들에게 도움이 되니 내 편인 손님들이 차린 식당이 풍요로워졌습니다. 그렇게 돈을 내고 나를 찾는 사람들이 늘었습니다. 저는 그제서야 선순환으로 달리는 신나는 기차에 올라탔음을 알게 되었습니다.

◆ ◇ ◆

단단한 식당에 가면 주방에 레시피가 붙어 있습니다. 누구나 보라고 주인이 붙여둔 겁니다. 누구나 그 귀한 레시피대로 만들어서 가게를 차려도 될 정도로 보여줍니다. 좋은 식당은 그저 음식 맛 하나로 완성되는 것이 아님을 아는 주인은 그렇게 모두에게 공유했고, 그런 신뢰가 쌓여 직원들이 주인 편이 되어주었습니다. 주인은 그래서 가장 민감한 주방에 신경 쓰지 않아도 되고, 그 힘을 오로지 손님에게 쏟을 수 있었습니다. 그러자 손님들은 식당을 더 신뢰하기 시작했습니다. 식당 주인이 나를 알아봐 주니 당연히 단골을 자청했습니다. 심지어 홍보맨 역할까지 해주고 있었습니다. 주인은 손님이 원하는 것을 말하기 전에 눈치껏, 센스있게 제공했습니다.

인원수 주문을 버렸습니다.

손님 스스로 알아서 배고픈 크기로 주문하라고 바꿨습니다.

많이 주문하면 반드시 보답을 했습니다.

자주 찾는 손님에게는 특별히 고마움을 표현했습니다.

일부러 생색을 내기도 했습니다. 그래야 손님이 특별대접을 받았다고 느끼니,

그 생색도 마다하지 않았습니다.

손님이 메뉴를 시키는데 불편하지 않게 팔리지 않는 메뉴는 지워나갔습니다.

4명이 같은 음식을 먹을 때 훨씬 더 행복해한다는 것을 깨우치고 메뉴를 좁혀

나갔습니다.

손님이 불평할 틈을 주지 않았습니다. 이질감이 없게끔 손님 마음이 주인 마음

이라고 눙치는 지경에 도달했습니다.

그렇게 그 식당은 선순환이라는 행복한 티켓을 움켜쥐었습니다.

　제 컨설팅은 주인의 생각과 마음과 행동을 바꿉니다. 저는 그런 컨설팅을 합니다. 단칼로 단번에 먹히는 기술적인 빠른 정답이 아니라, 주인 스스로가 헤쳐 나가게 지혜를 기르는 느린 컨설팅을 합니다.

이경태

contents

장사, 생각을 바꾸면 인생이 바뀐다

1. 시장을 좁혀라, 버려라 ◇────────────────────

1등을 하려면 고객층을 좁혀야 한다. 모든 고객을 다 잡으려다 보면 모두를 잃을 수도 있다. 고객층이 넓으면 시장이 커질 것 같지만, 오히려 집중되지 않는다. 고객은 언제든 떠날 준비가 되어 있다. 그래서 내 식당에 맞는 고객에 전념해야 한다. 그 고객층만을 위한 선택과 집중을 해야 한다.

시장을 좁힌다는 것은 여러 가지 메뉴를 팔지 말아야 한다는 말이다. 다양한 손님을 잡기 위해 이것저것을 팔지 말아야 한다는 소리다. 이게 핵심이다. 밥 손님을 위한 칼국수를 팔면서 술손님도 잡기 위해 해물탕, 족발, 수육을 팔기도 한다. 나쁠 건 없지만 1등 식당이 되려면 칼국수 하나로 줄을 세워야 한다. 해물탕, 족발, 수육을 만들지 말고, 그 노력을 온전히 칼국수 하나에 집중해야 한다. 하루에 몇 개나 팔릴지도 모르는 해물탕을 위해 생물을 취급한다 해도, 팔리지 않아 버리는 일이 많아지다 보면 결국 냉동 해물로 만든 해물탕을 팔게 될 것이다. 그렇게 만들어진 냉동 해물탕으로 저녁 술손님을 잡아본들 몇이나 되겠는가? 그 맛에 그들은 절대 내 편이 되지 않을 것이다. 족발도 마찬가지다. 삶아둔 족발이 팔리지 않으면 버려야 한다. 결국 데워서 조리되는 족발을 팔게 될 것이다. 맛있는 보쌈김치가 포함된 제대로 된 수육이 아니라 그저 무김치에 고기 수육이 전부라면 그걸 먹기 위해 보쌈 전문점 대신 칼국수 집에서 수육을 시키는 손님이 얼마나 될 것인지 따져봐도 답은 나온다.

메뉴를 덜어내고 빼면 고객층이 자연스럽게 줄어든다. 자신이 찾는 음식이 없는데 손님이 늘어날 리 없다. 하지만 다양한 손님이 느는 것과 특정 메뉴의 손님이 느는 것은 차원이 다른 이야기다. 다양한 손님들은 평균치의 돈을 쓰지만, 특정 메뉴의 손님은 상한선이 없다. 훨씬 더 많은 돈을 쓴다. 그런 이유 때문이라도 메뉴를 줄여야 한다. 내가 잘하는 한 가지에 집중해야 한다. 다양한 손님들이 찾는

식당보다는, 특정한 손님들이 열광하는 식당이 1등이 된다는 점을
명심해야 한다.

2. 매일 오게 하지 마라 ◇────────────

    사실 장사는 손님과의 심리 싸움이다. 팔려는 자와 사려는 자의
기싸움, 수싸움이다. 그래서 나는 식당을 만들 때 메뉴를 적게 한다.
많아야 두세 가지다. 그래야 손님과의 싸움에서 유리하다. 하지만
메뉴가 한정되니 자주 먹다 보면 솔직히 물린다. 아무리 맛 있어도
물리지 않을 방도가 없다. 그래서 맛창 식당에 공통적으로 노출되는
문구가 바로 '자주 오지 마세요. 물려요. 가끔 오래 봐요'라는 글귀
다. 맛창의 어느 식당에 가든 이 문구가 붙어 있다. 손님들은 이 문구
를 보고 피식 웃는다. 다른 집들은 자주 오라고 난리인데, 이 집은 가
끔 오라니 재미있어 한다. 그리고 은연중에 마음에 새겨둔다. 괜찮
다는 마음이 들어서다. 그런 게 심리다. 자주 오라면 안가고 싶고, 오
지 말라면 가고 싶은 그런 마음…. '소변금지'보다는 '화장실은 좌측
5미터에 있어요', '다 맛있어요'보다는 '우리 집 4번은 이 녀석이고,

저 녀석들은 기본은 합니다'가 솔직해서 믿음직스러운 것이다.

말이 많으면 실수를 하게 되고 결국 싸움이 난다. 자주 먹으면 맛은 점점 퇴색되고 결국 물린다. 그런 법이다. 그래서 '자주 오지 말라'는 문구 하나가 손님이 나중에 또 오게 하는 단서가 되어준다는 말을 믿어도 좋다. 한 사람이 한 달에 여러 번 오는 집보다는 백 사람이 한두 달에 한 번쯤 들리는 식당이 1등이 되기에 딱이다. BTS의 팬들은 한 사람이 많은 지출을 해주지만, 식당은 단골의 수가 확장되어야 한다는 점을 기억해야 한다. 다만 단골 수 확장이 다양한 고객이라고 오해하지 않기를 바란다. 한두 가지 그 메뉴를 좋아하는 단골의 폭이 넓어져야 한다는 뜻이다. 남녀노소 모두가 좋아하는 메뉴가 아니라, 한 가지 그거 하나를 찾아 다니는 찐단골이 멀리서도 찾아오는 집이 되어야 한다는 뜻이다.

3. A급 상권에서 경쟁하지 마라 ◇───────

손님이 많은 곳에는 경쟁자도 그만큼 많다는 건 당연지사다. 지난 겨울, 보령에 간 적이 있다. 한겨울인데도 수많은 조개구이 집들이 문을 열고 호객을 하고 있었다. 겨울에도 그럴진데 여름은 어떨까 싶다. 그곳 월세가 상상초월이라고 한다. 물론 유지가 될 만하니까 그런 전쟁터에서 싸우고 있겠지만, 나는 그런 장사를 할 이유가 전혀 없다는 쪽이다. 1등을 하기 위해선 그런 곳을 피하는 게 상책이다.

가게 앞을 지나는 손님을 쳐다보는 시대는 지났다. 유동량이 매출을 좌우하는 시대가 지났다. 사람과 손님을 구분해야 한다. 내 가게를 지나치면 사람일 뿐이다. 내 가게에 들어와 소비를 해야 손님이다. 그 많은 사람들이 내 손님이 된다는 보장은 어디에도 없다. 이유는 너무 많은 경쟁자들 탓이다. 나처럼 생각하고 뛰어든 경쟁자들이 너무 많다. 그래서 내 가게 앞을 지나는 사람이 문을 열고 들어와 손님이 되어 줄 확률은 아주 희박하다. 근거를 대라고 할 것도 없다. 이미 대형상권 1층에 임대가 붙은 작금의 현실이 설명해 주고 있다. 명동과 종로에, 각 지방의 중심상권에 나붙은 1층 임대 현수막이 증명해 주고 있다. 그럼에도 유동량에 목숨을 거는 자영업자들은, 상권을 분석하는 공부에 열중하는 창업준비자들은 어쩔 수 없다.

경쟁 장사는 결과가 좋을 수 없다. 비슷한 경쟁의 끝은 모두의 자멸이다. 특히 빈자들의 식당이 부스러기라도 먹겠다고 A급 상권의 뒷골목에 들어가는 것은 지옥이다. 그럴 바에는 아무런 경쟁자가 없는 벌판 앞길이 낫다. 유동량이 많은 상권의 끝자락에서 부스러기를 주울 바에는, 국도변이라도 차들이 많이 다니는 앞쪽 허름한 자리의 매출이 내일을 기대할 수 있다는 것을 한시라도 빨리 깨달아야 한다. A급 상권의 뒷골목도, A급 상권의 2층도 월세는 여전히 만만찮다. 앞길의 유동량이 흘러흘러 뒷골목에도 찾아와 주면 좋으련만, 현실은 그렇지 않다. 앞길에서의 소비도 없는데 뒷길이 있을 리 없다. 그런 곳에서 인생을 걸 이유가 없다. 평생의 재산을 투자해 그곳에서 승부를 걸어야 할 까닭이 없다. 아무도 없는 그린상권을 찾아야 한다. 나홀로 상권도 좋다. 뜬금없는 곳일수록 요즘 사람들은 궁금해한다. 찾기 힘들수록 기어이 인증샷을 찍고 싶어 하는 사람들이 많다. 아무나 다 가는 그런 곳은 오히려 외면한다.

50개, 100개의 식당이 모인 곳(흔하다. 먹자골목이 아니어도 동네마다 식당은 차고 넘치니 말이다)에서 5등, 10등 안에 드는 일은 솔직히 불가능하다. 그러나 서너 개가 모인 국도변에서 1등은 마음만 단단하게 먹으면 해낼지도 모른다. 그렇게 1등을 해야 한다. 1등도 습관이다. 습관이 되면 더 나아가 경쟁자 수가 많아도 할 수 있다는 자신감에서 출발할 수 있다. '한다고 될까'에서 '여기라고 내가 못할까'가 되는 것이다. 그렇게 1등도 단계를 밟아서 올라가는 것이다. 물론 더 큰 시장의 1등에 욕심이 없다면, 작은 시장에서의 1등에도 충분히 만족을 한다면 행복은 일상이 다반사다.

4. 나만의 팬을 만들어라 ◇────────────

닭갈비만 좋아하는 손님만 있어도 먹고 살 수 있다. 닭갈비에 막국수를 붙여 팔지 않아도 말이다. 간장게장만 팔아도 찾아주는 손님이 있으면 먹고 살 수 있다. 짝꿍인 보리굴비를 함께 팔지 않아도 말이다. 돌짜장만 팔아서도 집 한 채를 샀다. 짬뽕과 탕수육을 굳이 팔지 않았어도 말이다. 아구찜만 팔아도 손님을 줄 세울 수 있으면 자가 식당의 꿈을 이룰 수 있다. 해물찜을 팔지 않고, 아구찜 하나만 팔아도 말이다.

여러 가지를 팔지 않아야 내 팬이 생긴다. 열 가지가 넘는 음식을 만들어 파는데 팬이 생길 리 없다. 그 음식을 유독 좋아하니까 찾는 것이다. 그것만 잘하니까 가는 식당인 것이다. 이것저것을 팔면서 제대로 잘하는 집도 있겠지만, 정작 중요한 사람과의 외식은 그것 하나만 잘하는 식당을 찾는다. 당신도 예외는 아니다. 당신조차 당신의 식당보다, 그것만큼은 당신보다 더 잘하는 식당을 찾는다. 특별한 손님을 모실 때라면 더더욱이다.

그렇다면 어떤 메뉴가 좋을가? 대부분은 남들이 잘 하지 않는, 태생적으로 귀한 것을 하는 것이 좋다고 하는데, 내 생각은 그렇지 않다. 예를 들어 추어탕은 호불호가 매우 큰 메뉴다. 좋아하는 마니아도 분명 있지만, 좋아하지 않는 사람이 많은 메뉴 중 하나다. 그래서 나는 창업자에게 추어탕을 추천하지 않는다. 기존에 그 메뉴를 했던 식당이 아니라면 굳이 그 시장에 일부러 뛰어들 이유가 없다. 대신에 나는 흔한 메뉴를 권한다. 그게 1등 식당에 어떤 유리함이 있냐고 물을 수 있는데, 답은 간단하다. 흔한 메뉴지만, 그것 한 가지만 팔면 귀해진다. 칼국수 집은 흔하지만 정말로 칼국수 한두 가지만 파는 집은 귀하다. 칼국수 집인데, 보쌈은 팔지 않는 집은 귀하다. 칼국수만 파는 집인데, 바지락이 놀랄 정도로 푸짐한 집은 귀하다. 칼국수한 가지만 파는데, 민물새우탕 국물로 만든 칼국수 집은 귀하다.

아구찜은 흔하다. 아구찜에 동태탕을 팔고, 아구찜에 뽈찜, 대구찜을 함께하는 집은 흔하다. 하지만 그런 거 없이 오직 아구찜 하나만 파는 집은 귀하다. 특별해진다. 콩나물찜이 아닌 아구가 듬뿍인 아구찜은 귀하다. 귀하니까 1등이 되는 것이다. 맛있어서 1등보다는 귀해서 1등을 해낸 것이다. 1등을 하고 보니 맛있다는 소문이 난다. 매출이 적을 때와 맛이 같은데 그때는 맛없다고 하던 사람들이 동네 1등을 하고 나니 "이 집 아구찜이 아주 맛있어서 온다"는 소리를 한다. 웃기지만 사실이다. 어떻게 이런 외딴 자리에 외롭게 식당을 차리냐고 걱정하던 사람들이 장사가 잘되고 줄을 세우자 "세상에 경쟁자 신경 쓸 것도 없는 명당자리"라고들 한다.

5. 손님 중 한 명은 없다고 생각하라 ◇─────────

나는 항상 '동수론'을 강조한다. 손님 중 한 명은 유령이라고 생각하자는 거다. 예전에 〈개그콘서트〉의 한 코너에 유령이 나왔는데, 유령의 이름이 '동수'였다. 그래서 '동수론'이다. 손님 3명이 왔다면 2인분을 권하고, 4명에게는 大자가 아닌 中자를 권하면 어떨까? 그럼 손님은 어떻게 반응할까?

결론부터 말하면 겉으로는 적당히 좋은 척하지만, 속으로는 많이 놀란다. 세상에 정인분을 마다하는 식당은 처음인 탓이다. 이 동수론을 완성하려면 전제가 필요하다. 바로 1인분을 1.3인분으로 만들어야 한다는 거다. 재료원가에 따라서는 1.5인분을 주어도 좋고, 심지어 닭갈비의 경우는 보통 1인분이 200g이지만 과감히 450g을 주는 거다. 그래서 3명이 2인분을 시켜도 먹기에 부족함이 없어야 한다.

9,000원짜리 돈까스를 3명이 3인분을 시키면 3명 모두 적당히 먹는다. 그 식당에 대해 특별히 감동도 매력도 없으니 단골은 요원하다. 그러나 1.5인분 정도의 푸짐한 돈까스가 13,500원이라면 셋이서 2인분으로도 충분해진다. 그저 그런 어디서나 봄직한 돈까스 9,000원짜리를 셋이 먹고 27,000원을 계산한다. 반대로 1인분 가격이 무려 13,500원짜리인 비싼 돈까스를 셋이서 2인분으로 먹었으니 역시 가격은 27,000원을 쓴다. 하지만 손님의 만족도는 전혀 다르다. 9,000원짜리 1인분에는 놀라움이 없다. 그러나 13,500원짜리 돈까스에는 놀라움이 있다. 남들보다 비싼 돈까스를 먹었다는 우쭐함도 손님 입장에서는 소확행이다.

물론 13,500원 짜리를 둘이 먹으면 비싸다. 그럼 9,000원짜리 돈까스를 둘이서 2인분 시켜서 먹으면 만족할까? 물론 9,000원이 절약되니 그쪽을 찾는 사람도 있겠지만 나의 경험은 다르다. 매일 먹는 9,000원짜리 돈까스가 아니고, 어쩌다 쓰는 13,500원짜리 호사라면 손님은 받아들인다. 아니, 그걸 받아들이는 손님만 받아도 줄을 세울 수 있다. 그렇게 옆집보다 비싼 1인분으로 만들어 3명에게 2인분을 권하니 닭갈비 한 가지 메뉴로 월 7,000~8,000만원을 팔고, 테이블 10개의 부대찌개 집에서 15회전을 해보기도 했다. 10시간 문을 여는데 15회전은 산술적으로 불가능하지만, 실제 일어났던 사실이다. 그 모든 게 '동수론' 덕분이다. 하지만 이걸 해내는 식당은 귀하다. 분명 이해는 되는데, 실행은 쉽지 않다. 아무리 생각해도 그렇게까지 해야 하나 싶어서다. 그래서 동수론을 챙기는 건, 식당 성공의 마지막 퍼즐을 완성하는 것이다.

일러두기

이 책에 나오는 음식 메뉴의 경우 한글 맞춤법의 규정에 따르기보다
우리가 식당 메뉴판에서 보던 익숙한 표현으로 표기하였습니다.
국숫집(맞춤법 표기) → 국수집
돈가스(맞춤법 표기) → 돈까스
만둣국(맞춤법 표기) → 만두국
순댓국(맞춤법 표기) → 순대국
아귀(맞춤법 표기)   → 아구
아귀찜(맞춤법 표기) → 아구찜
주꾸미(맞춤법 표기) → 쭈꾸미

당신의 식당을 바꿔드립니다

Part1

3년 반 만에
월 매출 1억을
달성했습니다

주차도 할 수 없는
상가주택 35평짜리,
그것도 뒷길이라 사람들의 왕래도 없는 길에
식당이 있었습니다.
부부가 성실히 노력했지만 4년의 결과는
월 매출 2,000만원을 넘기지 못했습니다.
빚은 늘었고, 아이들은 혼자 컸습니다.
그 식당이 상호를 바꾸고,
새로운 마음가짐으로 도전했더니
3년 반 만에 월 매출 1억을 찍었습니다.
신기하고 감동적인 우리 옆집 식당의
이야기입니다.

2018년 1월 30일

도레미아구찜으로 재도전

벌써 1월도 내일 하루를 남겨두고 있네요. 오늘부터 '원조진성아구찜'에서 '도레미아구찜'으로 다시 시작했습니다. 가격을 많이 올려서 걱정도 많았는데 생각보다 저항이 크지는 않더군요. 둘이 와서 다 먹기에는 양이 많다 보니 남은 것은 알아서 포장해 가고, 배달도 가격이 올랐다고 하시지만 취소하는 분들은 없더군요. 해물찜 大는 기존 가격보다 만원이나 인상되었는데 해물찜 접시를 보더니 모두 놀라면서 더 받아도 되겠다고 말씀하시더군요. 뿔소라는 원가가 1개에 1,800원이나 하고 맛도 그저 그렇지만 제주도 해역에서만 나오는 뿔소라를 2개나 넣어주는 집은 우리 집밖에 없을 거라는 자신감으로 계속 드리려고 합니다.

아구찜도 가격을 올렸지만 전보다 확실히 양이 많아진 버섯전골 서비스를 보면서 불만은 없었습니다. 소고기 버섯전골은 확실히 여성 분들이 좋아하고 만족해하시더군요. 주려면 확실히 주라는 '맛있는 창업(이하 맛창)'의 조언에 따라 버섯전골에 소고기와 버섯도 충분히 더 넣었습니다. 생수는 코카콜라에서 나온 조금 비싼 것으로 제공했습니다. 일단 생수 병이 고급지고 호텔이나 고급 레스토랑에 납품된다고 쓰여 있고, 편의점에서는 팔지 않는 제품이라 선택했습니다. 줄 거면 확실하게 줘야죠. 요즘은 원가 안 따지고 막 던지고 있습니다. 그토록 해보고 싶은 번호표 한 번 줘보고 싶어서요.

2018년 2월 15일

　　　　　　　　도레미아구찜으로 재오픈한 지 보름 정도가 지났습니다. 걱정 반 기대 반으로 잠 못 이루는 날도 많

앞지요. 그래도 이번에는 잘할 수 있다는 자신감으로 홀 담당 1명,
전부터 잘 알고 지내던 일식 주방장 출신 1명을 스카우트해서 함께
열심히 하고 있습니다.

2월 첫날부터 200만원이 넘는 매출을 기록하더니 보름 동안 이틀
을 제외하고는 꾸준히 100만원 이상의 매출을 올리고 있습니다. 제
스스로 어리둥절하기도 하고 신기하기도 합니다. 아직 손님들 줄을
세우지는 못하고 있지만 가게 분위기가 시끌벅적하면서 생동감이
넘치는 곳으로 변모했습니다. 테이블 하나를 뺀 것도 주효했고 버섯
전골이 톡톡히 제 몫을 다하고 있습니다. 입이 딱 벌어질 정도로 아
구 양을 늘린 것에 사람들이 반응합니다. 주방 인원 보충으로 해물
찜 데코도 좋아져서 모두 즐거운 식사 시간을 가지고 있습니다. 손
님들도 만족하고 매출도 오르고 있으니 저도 기분이 좋아져 서비스

팍팍 내주고 있습니다. 요즘은 정말 장사할 맛이 나는 것 같습니다. 많이 격려해 주시고, 많이 알려주셔서 모두에게 감사합니다.

어제는 장사 시작하고 처음으로 직원 3명에게 명절 보너스로 각각 100만원씩 지급했습니다(2주밖에 안 된 직원들이지만). 얼마나 뿌듯하던지요. 이제 시작입니다. 지금의 마음 변치 않고 열심히 노력해서 더 나은 도레미아구찜을 만들어 보겠습니다.

2018년 3월 31일

두 달 만에 4,000만원 달성

3월 마감을 하고 아내와 맥주 한 잔 했습니다. 토요일은 항상 정신없이 바빴는데 오늘은 모두가 꽃구경을 갔는지 한가한 날이었습니다. 3월 매출은 4,060만원으로 마감했습니다. 지난달보다 460만원 늘었습니다. 재료비는 2,200만원으로 약 53%. 인건비는 700만원입니다. 3~4월은 항상 매출이 적은 달이었는데 4,000만원을 넘기다니 믿기지 않습니다.

일 최고 매출은 285만원, 최저는 65만원이었습니다. 200만원 이상 매출을 기록한 날은 5일이고, 100만원 이하 매출 또한 5일입니다. 점심 평균 매출은 약 27만원인데, 점심과 평일 매출을 늘리면 좀 더 좋은 매출을 기록할 수 있을 것 같습니다. 아직 완전히 자리 잡지 못해 매출 편차가 큽니다. 그래도 두 달 만에 매출이 1,700만원이나 증가했네요. 4월에도 매출을 높일 수 있을지 모르겠네요. 아무래도 전국이 축제 기간이라 쉽지 않은 달이 될 듯합니다. 그래도 열심히 맛창에서 보고 배운 대로 실행해서 조금이라도 나아지는 모습을 보여드리고 싶네요.

2018년 5월 10일

가게에 테이블 4개짜리 방이 있는데 그곳에 16명 이상이 앉아 찜 큰大를 시키면 맥주 한 박스를 서비스로 제공하고 있습니다. 맛창의 제안으로 시작한 건데 어제 오신 손님들이 세 번째 혜택의 주인공인 만큼 16명 이상 단체가 오기는 쉽지 않은 것 같습니다. 어제 오신 분들은 배구 동아리 모임에서 소개받아 처음 오셨습니다. 인원이 더 늘어 방에 4팀, 홀에 한 팀이었는데, 해물찜 大자 접시를 보더니 깜짝 놀라고, 조금 뒤에 바지락칼국수 서비스에 놀라고, 마지막으로 연어회 서비스에 감동받더군요.

그리고 결정적으로 벽에 걸려 있는 '맥주 한 짝' 서비스 문구에 기분이 좋아져 술을 엄청 마시고 얼마나 웃고 떠들었나 모릅니다. 계산할 때 술값 8만원을 할인받으니 그 돈으로 노래방 가자고 소리 지르며 나가시더군요. 너도나도 명함을 가져가시는 모습에 기분이 좋았습니다. 모두 자기 모임에 16명 채워서 오겠다고 했습니다.

단체손님 받는 게 일적으로는 힘든 부분이 있지만 가끔 이렇게 이벤트라 생각하면 제 기분도 좋아집니다. 손님 입장에서 생각하면 20병 술값 안 받는 곳이 어디에 흔할까요? 술값에서 마진 챙기는 걸 주인도 알고 손님도 다 아는 사실인데 말이죠. 장사하면서 여러모로 배우는 게 많네요. 오늘도 모두 즐겁고 행복한 하루 되세요.

2018년 5월 31일

배달은 줄고, 매출은 늘고

5월이 후딱 지나간 느낌입니다. 한 달을 마무리할 때마다 아쉬움이 가득 하지만 새로운 한 달을 기대하는 마음은 여전합니다. 5월은 12월과 더불어 매년 최고 매출을 기록하는 달이었습니다.

올해 5월은 내심 최고 기록을 갱신하리라 기대했는데 아쉽게도 4,000만원에 12만원이 부족한 매출을 기록했습니다. 마지막 주 3일 간 매출이 떨어져 아쉽게도 기록 갱신에는 실패했습니다.

도레미로 바꾸기 전 1월에는 배달이 매출의 35%를 차지했는데, 이번 달은 15%를 차지했습니다. 배달이 20%나 줄었는데도 매출은 1월보다 1,600만원이나 올랐습니다. 5월 한 달 동안 대략 아구찜 小 350개, 아구찜 中 120개, 아구찜 大 50개를 팔았고, 해물찜 小 250개, 해물찜 中 120개, 해물찜 大 110개로 거의 1,000개의 찜을 팔았더군요. 재료비는 52%(아구찜 재료비 37%. 해물찜 재료비 57%), 아구 가격은 그대로인데 해물 가격은 끊임없이 올라 이번 주부터 해물찜 小는 판매 중단을 할 생각으로 광고판까지 만들었습니다.

그러나 돈 들여 만든 광고판은 끝내 붙이지 못했습니다. 도레미로 새롭게 출발한 지 4개월 만에 가격을 올리려니 영 마음에 걸렸습니다. 조금 더 버텨보려고 합니다. 대신 찜 내용물에 변화를 주기로 했습니다. 특히 아구찜 大자 판매량이 적은 것을 개선해 보려고 아구찜 재료비를 45%까지 올리면서 해물 두세 가지를 올려주는 등 확실하게 접대용으로 만들기로 했습니다. 해물찜은 가격이 대폭 오른 낙지를 빼고 아구와 전복 버터구이로 대체했습니다. 이번 주 3일간 시험적으로 운용해 보니 만족도가 더 높았습니다. 특히 아구찜 드시는 손님들의 만족도가 높아서 다행이었습니다.

해물찜 大는 가격이 제일 비싼데도 불구하고 제대로 주다 보니 만족도가 가장 높습니다. 이걸 보면서 역시 '제대로 주고 제대로 받는 것이 정답이다'는 생각을 했습니다.

소문을 듣고 왔다는 손님들이 하루가 다르게 늘고 있습니다. 아직은 점심 매출도 그대로이고 웨이팅도 없어서 아쉽지만, 그래도 동네 사장님들에게는 장사 잘되는 집으로 소문이 파다합니다. 조금만 더 노력하면 될 것 같습니다. 웨이팅하는 그날까지 6월에도 열심히 해서 반드시 기록 갱신을 하겠습니다.

2018년 6월 30일

　　　　　　　　　도레미로 상호를 바꾸고 새롭게 변신한 지 5개월이 지났네요. 참 빠릅니다. 오늘은 비가 억수같이 내리다 말다 해서 큰 기대가 없었는데, 많은 손님들이 찾아주셨습니다.

　6월은 다행히 지난달보다 조금 적은 3,700만원을 기록했습니다. 매출 200만원이 넘은 날은 많지 않았지만, 100만원 이하로 떨어진 날이 3일뿐인데 그것도 90만원 이상이었습니다. 잠시 조정기를 겪고 있는 듯합니다. 4,000만원이 잡힐 듯 잡힐 듯하면서도 쉽지 않네요. 하지만 점점 재방문과 신규 유입이 많아지는 것이 느껴지니 불안감은 없어졌습니다. 조금만 더 열심히 하면 좋아지리라 확신합니다.

　6월 중순부터는 부침개를 시작했습니다. 광주 '화이팅고등어'에서 보고 배운 것을 일주일간 점심시간에 응용해 보고 할 수 있겠다 싶어 저녁에도 기본 서비스로 부침개를 제공하고 있습니다. 손님들의 만족도가 배가 된 듯합니다. 또한 별거 아니지만 찜에 두부 한 장을 넣어서 손님들이 찜을 다 먹으면 발견하는 재미도 안겨줬습니다. 간이 완전히 배어서 맛이 제대로 납니다. 아구찜 大자에 변화를 주어서 양뿐만 아니라 보여지는 맛도 개선했습니다. 아구찜에 찐 계란

2개와 활쭈꾸미 2마리를 넣어 차별화된 아구찜을 만들어 봤습니다. 5개월간 너무 많은 변화를 주어서 이제는 이대로 쭉 가보려고 합니다. 음식 나가기 전에 셀프 부침개를 드시고, 마지막은 바지락칼국수 서비스로 완성했습니다. 이제 조금 저 자신에게 만족합니다. 한 달이 어떻게 지나갔는지 모를 정도입니다. 올해는 제대로 자리 잡는 게 목표인 만큼 급하지 않게 천천히 내실을 기하며 열심히 노력하려고 합니다.

2018년 8월 1일

매월 말일이면 밤을 새워서라도 도레미 소식을 올렸는데 어제는 일 끝내고 너무 달려서 이제야 소식 전합니다. 7월 매출은 4,193만 8,000원입니다. 도레미로 상호를 바꾸고 맛창식으로 새롭게 시작한 지 6개월 만에 다시 한 번 4,000만원을 넘기면서 기록을 갱신했습니다. 7월은 첫째 날과 둘째 날에 100만원도 넘기지 못해 걱정이 많았는데, 그날 이후로는 한 번도 100만원 이하를 찍지 않았습니다. 지난주부터는 평일에도 꽉 차서 손님들이 돌아갈 정도였고 주말에는 줄도 섰습니다. 소문을 듣고 오

셨다는 분들이 부쩍 늘어난 걸 보니 많이 알려졌나 봅니다.

이렇게 더운 여름날, 주차할 곳도 없는 골목식당을 찾아주시는 손님들을 보면 참 신기하기도 합니다. 어떤 소문들을 들었길래 골목 후미진 이곳까지 찾아주시는 것인지 감사하기만 합니다. 가끔씩 홀이 바빠 주방에서 나와 바지락칼국수를 가져다 드렸을 때 "이거 안 시켰는데요"라는 말을 들으면 씨익 웃음이 납니다. 여지껏 아구찜 장사하면서 여름에는 파리 날리고 날이 추워지면 장사가 좀 되는 걸 보고 아구찜의 제철은 겨울이구나 생각했습니다. 그런데 7월 무더위에도 이렇게 손님들이 찾아오는 걸 보면 그동안 내가 장사를 헛했구나 싶습니다.

2018년 8월 31일

4,400만원 최고 매출

시간 참 빠르네요. 덥디더운 여름의 시작이 엊그제 같은데 엄청난 비와 함께 한 계절의 막바지를 맞이하고 있습니다. 8월은 주방에서 일하는 것이 곤욕이었던 시간이었습니다. 센 불과의 전쟁을 매일매일 마주하는 것 자체가 너무 힘든 고통이었네요. 8월을 시작하고 초반 분위기도 좋았고 휴가 다녀온 이후에는 가게 분위기도 확실히 달라졌는데, 태풍 이후 며칠간 날씨만큼이나 매출도 오락가락했습니다. 8월 매출은 전달보다 200만원 상승한 4,400만원을 기록하면서도 최고 매출을 갱신했습니다. 내심 4,700만원 정도 예상했는데 태풍과 함께 찾아온 기습 폭우가 분위기를 주춤하게 만들었네요. 그래도 이틀 휴가 다녀온 걸 생각하면 엄청난 매출을 기록한 것입니다. 휴가 다녀온 8월 중순부터는 아구찜 大자와 해물찜 大자를 메뉴에서 빼고, 小자와 中자만 판매하고 있습니다.

2018년 9월 30일

배달을 마감하다

저는 취미로 축구와 마라톤을 합니다. 축구를 한 지는 18년, 마라톤은 2년 되었습니다. 축구만 할 때는 마라톤 하는 사람들을 보면서 저렇게 지루한 운동을 무슨 재미로 하나 싶었습니다. 지금도 축구를 하는 친구들은 제게 왜 달리느냐고 묻습니다. 저도 매번 그 질문에 대한 답을 찾아보는데 한마디로 딱

맞는 대답을 찾지 못하고 있습니다. 이유야 많겠지만 '그냥 직접 달려보면 알아'라는 말만 해줄 뿐입니다. 직접 해보면서 느낀 수많은 경험들이 쌓이다 보면 더 나은 미래를 만들 수 있을 것 같습니다.

9월 매출은 4,150만원. 박차고 나갈 것 같으면서도 확 치고 나가지 못하고 있네요. 아직은 뭔가 부족한 게 많은가 봅니다. 그래도 몇 가지 의미 있는 점은 처음으로 100만원 이하로 떨어진 날이 하루도 없었던 달이었습니다. 매달 며칠씩은 매출을 까먹는 날이 있었는데 이제 저녁 시간에는 만석을 이룹니다. 두 번째는 배달 매출이 10%로 줄어든 상태에서 올린 매출이란 점입니다. 배달을 버리겠다고 마음먹고 시작했지만 기존 배달 매출이 40%를 차지하던 식당이었기에 차마 버릴 수 없었습니다. 그나마 그동안 배달을 줄이기 위해 광고를 끊고 바쁜 시간에는 배달을 하지 않으면서 조금씩 줄여왔습니다. 그렇게 5년 동안 해오던 배달을 어제부로 마감했습니다. 과거와의 단절이 이렇게나 힘드네요. 머리로는 알지만 몸으로는 쉬운 게 아님을 고백합니다. 올해도 벌써 3개월밖에 남지 않았는데, 해를 넘기기 전에 5,000만원을 꼭 찍어보고 싶네요.

2018년 10월 31일

배달을 끊고 3,800만원 매출

　　10월은 새롭게 시작하는 첫 달이었습니다. 배달을 하지 않는 첫 달. 배달을 그만두지 못한 것은 그만큼 매출에 대한 걱정이 많아서였습니다. 맛창을 공부하면서 가장 창피스런 일이었는데 그렇게 쉬운 일도 아니더군요.

　도레미아구찜 10월 매출은 3,800만원. 지난달보다 350만원 정도 줄어든 매출인데 정확히 배달 매출이 빠진 금액이네요. 매출이 오르지는 않았지만, 다행히 100만원 이하의 매출이 없었다는 것, 3개월째 100만원 이하의 매출이 없었다는 것을 기쁘게 생각하고 있습니다. 매달 4,000만원 언저리에서 맴도는 매출에 걱정이 없지는 않습니다. 그래도 희망을 가지고 최선을 다하고 있습니다. 천천히라도 달리는 것이 걷는 것보다 빠르다는 것을 잘 알기 때문입니다. 믿는다는 것이 얼마나 힘든지는 현금출납기 앞에 서 있던 자만이 알 수 있을 뿐이죠. 아직은 버틸 만하고, 아직은 갈 길이 멀기만 합니다. 아직도 저는 달리고 있습니다.

2018년 11월 30일

이번 달은 10월 매출과 10만원 차이 나는 3,810만원 매출을 올렸습니다. 지난달보다 많이 할 줄 알았는데 그게 안 되니 참 답답한 마음입니다. 단풍철에 김장철이라는 핑계도 대보지만 그저 위안으로 삼는 말이고, 장사는 참 마음대로 안 되는 것 같습니다. 다행인 것은, 지난달부터 배달을 하지 않아 빠진 매출은 포장으로 많이 상쇄되고 있는 듯합니다. 배달이 안 된다고 하니 직접 와서 포장해 가는 손님들이 많이 늘었습니다. 점심 매출은 여전히 회복하지 못하고 있는데, 저녁에는 다행히 풀로 차서 돌아가고 있네요. 피크 시간에는 대기도 몇 팀 있고요. 조금만 더 잘하면 될 것 같은데 그 고비를 넘기지 못하고 있나 봅니다.

2018년 12월 30일

작년 맛창에 가입할 당시 저희 가게의 매출은 2,000만원 정도였습니다. 4년 동안 아무리 애써도 매달 2,000만원 언저리에서 벗어나지 못해 재미도 없고 미래는 불안했습니다. 통장에 남은 돈은 한 푼도 없고, 그저 빚만 가득 쌓인 상태였습

니다. 답답한 마음에 이 책 저 책 찾아 읽다가 이경태 소장님 책을 보고 완전 매료되어 팬이 되었습니다. 그때부터 혼자 해보겠다고 이것저것 상차림도 바꾸고 그릇도 바꾸면서 많은 변화를 주기 시작했습니다. 아구 양도 거의 2배로 늘려나갔고, 해물도 푸짐하게 올렸습니다. 조금씩 손님들 반응이 좋아지기 시작했습니다.

그런데 혼자 이것저것 많이 바꿔보기는 했는데 뭔가 빠진 것 같고, 잘하고 있는 건지 항상 불안했습니다. 결국 나 혼자 할 수 있는 일이 아니라고 판단해 '맛창에 가입하고 소장님 도움을 받자'고 결정했습니다. 아내를 설득해(대출이 거의 가득 차 있는 상태였음) 간신히 대출에 성공, 맛창에도 가입할 수 있었습니다. 그때 그 결심이 저에게 완전히 새로운 인생을 살게 해준 것 같습니다. 지금도 그 결심을 한 제가 용하고, 대출을 허락해 준 아내가 참 고맙습니다.

이번 달 매출은 4,000만원입니다. 정확히 1년 전보다 2배 상승했습니다. 줄 한 번 세워보는 것, 재료 소진으로 더 이상 팔지 못하는 경험을 한 번 해보고 싶었는데, 처음 손님들이 대기하던 그날은 일을 하면서도 너무 좋아 입이 다물어지지 않았습니다. 너무너무 신기하더라고요. 마라톤과 축구로 단련된 제 종아리가 터질 만큼 재료가 없어 못 팔던 날도 생각납니다.

그전에는 2,000만원을 팔면, 그중 배달이 900만원 정도였습니다. 맛창에 가입하고도 배달을 버리지 못해 9월까지 했습니다. 10월부터 배달을 끊으며 걱정도 많았습니다. 10월 매출은 배달 매출이 고스란히 빠져 400만원 정도가 줄었습니다. 그러더니 조금씩 상승해 12월에는 다시 4,000만원 고지를 밟았습니다. 지금도 배달 전화가 많이 오지만 이제는 하나도 아쉽지 않습니다. 배달비 아끼겠다고 제가 직접 오토바이를 타고 신호 위반을 하면서 배달을 다니기도 했습니다. 하지만 이제 찬바람 맞아가면서 목숨 내놓고 달려가지 않아 좋습니다. 이제는 손님들이 포장하러 직접 옵니다. 주차장 없다고 불평하던 사람들도 이제는 아무 소리 안 하고 제발 예약 좀 받아달라고 졸라맵니다. 우리는 이제 한 테이블은 예약을 받지 않습니다. 7시가 넘어도 예약을 받지 않습니다. 아무 때나 온다고 먹을 수 있는 곳이 아닌 식당이 되었습니다. 이렇게 우리 가게가 1년 만에 변했습니다.

하지만 아직도 부족합니다. 아직도 점심에는 아무 때나 와도 먹을 수 있는 곳입니다. 더 나아지고 싶습니다. 통장에 돈도 더 많이 쌓였으면 좋겠습니다. 반드시 그리되겠지요.

2019년 1월 31일
- - - - - - - - - - - - - - -
1년 만에 4,570만원

2017년 12월 맛창에 가입하고 2018년 1월 2일에 소장님을 만났습니다. 1월 한 달 간판은 바꾸지 않고 기존 상차림에 맛창식 접대만으로 장사를 시작한 지 4년 만에 최고 매출 2,360만원을 찍었습니다. 그리고 정확히 1년이 지난 오늘, 도레미 최고 매출을 기록했습니다. 4,600만원도 거뜬히 넘을 줄 알았는데 이번 주 명절 분위기를 타는 바람에 주춤했네요. 하지만 그래도 참 신기합니다. 이렇게 달라진 매출을 보면서 무엇이 이토록 큰 차이를 만들어 냈을까 생각해 봅니다. 아구 몇 조각 더 준 것 때문일까? 아니면 칼국수 한 그릇 때문일까?

곰곰이 생각해 보면 보여지는 것이 전부는 아니었을 겁니다. 사소하게 생각했던 것들이 모이고 모여서 좋은 결과를 만든 것이겠지요. 이제 내일부터 다시 시작입니다. 작년 다시 시작할 때처럼 긴장감과 설렘이 공존합니다. 그래도 두렵지는 않습니다. 잘해 나갈 수 있을 거라고 제 자신에게 용기를 줍니다.

2019년 2월 28일
- - - - - - - - - - - - - - - - -
첫 번째 가격 인상

제가 작년 1월에 도레미로 간판을 바꿔 시작한 다음 소문 듣고 찾아 왔다는 분들을 보며 놀랐던 기억이 납니다. 소문이 얼마나 빠르던지 4년 장사했던 '원조진성아구찜'은 몰라도 '도레미아구찜'은 알더군요. 2월 그 짧은 달에 4,800만 원을 찍었으니 놀라울 따름입니다. 귀신에 홀린 듯 정신없었던 2월 그날들을 기억합니다. 대기표 한 번 주는 것, 재료가 떨어져 일찍 문 닫아 보는 것이 꿈이었습니다. 그게 그렇게 부러웠거든요. 그렇게 부럽기만 하던 일들이 매일 저녁에 일어나기까지 딱 1년이면 되었습니다. 가끔씩 밖에 대기하는 손님들을 보면 피식피식 웃음이 납니다. 이걸 먹겠다고 뭘 대기까지 하는지 헛웃음이 자연스럽습니다.

1년 만에 가격을 대폭 인상했습니다. 28,000원짜리 아구찜 小를 35,000원으로, 38,000원짜리 해물찜 小를 45,000원으로 꽤 많이 올렸습니다. 인상하기 전 당연히 걱정이 많았습니다. 너무 많이 올리는 거라서 손님들 반응이 무서웠습니다. 그런데 웬일인지 손님들 저항이 거의 없는 겁니다. 어라, 왜 이러지? 아무 말 없으니 걱정이 더 앞서더군요. 그런데 하루 이틀이 지날수록 손님들이 점점 더 늘어나는 겁니다. 지금도 어리둥절합니다. 그래서 이번 달 매출은 4,800만원에 근접했습니다. 지난달보다 200만원을 더 팔아서 기록을 갱신했네요. 설 연휴 이틀 쉬고 달이 짧은 것이 아쉽네요. 5,000만원을 꼭 해보고 싶었는데 말이죠. 조금씩 조금씩 나아지고 있습니다. 매달 매출 소식을 올리면서 지난달보다 조금이라도 나아진 모습을 보여주고 싶었습니다. 참 다행입니다. 한 가게가 어떻게 변하는지 보여주는 것도 필요하다는 생각에 쓰기 시작한 이 글이 제 자신뿐만 아니라 모두에게 힘이 되기를 빌어봅니다.

2019년 3월 31일
매출 5,500만원 달성

이번 달 매출은 5,583만 1,000원입니다. 맛창 선배님들이 예전부터 5,000만원이 되면 손님도 통장도 완전히 달라진다고 하더군요. 저에게는 불가능해 보였습니다. 골목길이라 주차장도 없는 상가주택에서 5,000만원은 그저 꿈의 숫자처럼 보였습니다. 하루 평균 200만원이 되어야 도달할 수 있는 매출입니다(매주 월요일 휴무). 그런데 정말 불가능해 보이던 매출을 13개월

만에 이루어냈습니다. 저녁이면 항상 만석에 대기손님들이 생겨났고, 5,000만원이 되니 갑자기 통장 잔고가 두둑해졌습니다. 꿈인가 싶습니다. 매달 이러면 좋겠습니다.

맛창을 만나 제 가게가 어떻게 변하는지 그 과정을 솔직하게 공유하고 싶어 시작한 매달 마감글입니다. 처음 가입했을 때 누군가 했으면 좋겠다고 생각했습니다. 그냥 궁금했습니다. 다들 잘하고 있는 건지, 하라는 대로 하면 잘될 수 있는지…. 처음 시작하는 사람에게 도움이 될 수 있겠다 싶어 저부터 해보자고 생각했습니다. 그렇게 시작한 마감글이 어느덧 13번째가 되었네요. 어떤 때는 창피함을, 어떤 때는 자랑질 하는 느낌을 스스로 받기도 합니다. 그래도 도움이 되면 좋겠습니다.

장사는 매일매일이 불안합니다. 오래 하신 분도 매출 하락이 이삼일만 지속되면 걱정이 태산이라더군요. 그러니 초짜배기 우리네들은 손님이 많아도 오늘만 그런 것 아닌가 불안하고, 없으면 없는 대로 초조합니다. 그런데 맛창은 미래에 대한 확신을 심어줍니다. 그래서 불안감이 덜합니다. '지금 하라는 대로 잘하고 있다면 반드시 손님은 온다. 시간이 필요할 뿐이다. 적지만 오늘 오신 손님 한 분 한 분에게 최선을 다하면 손님은 배가 될 것이라는 믿음'이 있습니다.

다른 식당에서 외식할 때마다 느끼는 것이지만 맛창 식당은 잘될 수밖에 없습니다. 다른 이들이 하지 않는 걸 하고 있기 때문입니다.

맛창의 가장 큰 무기는 이 소장님의 경험입니다. 수많은 가게를 컨설팅하고 흥망성쇠를 지켜보았던 그 경험을 우리에게 끊임없이 알려주고 채찍질합니다. 저 역시 그 무수한 경험담을 듣고 배우며 저를 돌아봅니다.

2019년 4월 30일
- - - - - - - - - - - - - - - -

마감글을 쓸 때마다 시간이 왜 이리 빠른지 새삼 느낍니다. 목련과 벚꽃을 보다 보니 한 달이 훌쩍 지났네요. 꽃피는 계절이면 사람들이 모두 야외로 나가는지 4월 중순까지는 매출이 적어 고전했습니다. 다행히 중순 이후부터 조금씩 상승하기 시작해서 결국 이달 마감을 잘 마무리했습니다. 4월 매출은 4,859만 3,000원으로, 5,000만원을 유지하고 싶었는데 아쉽더라고요. 그래도 매년 4월 매출이 가장 저조했는데 이 정도면 훌륭하다는 생각이 듭니다.

요즘 다들 장사가 어렵다고 합니다. 물건 납품하는 콩나물 사장님도, 수산물 사장님도 점점 나아지는 가게는 도레미뿐이라고 합니다. 잘나가던 가게도 납품 양이 엄청나게 줄어들고 있다고 합니다. 그처럼 힘든 시기에 찾아주는 손님들이 참 감사합니다. 그러고 보면 아내의 역할이 큽니다. 저는 주방에 콕 박혀 있어 제대로 스킨십 한 번 못하는데, 아내가 바쁜 와중에도 손님들을 잘 맞이하고 있습니다. 일당백 아내 덕분에 여기까지 온 것 같습니다. 5월에는 행사도 많은 달입니다. 열심히 또 달려봐야지요. 모두 5월에도 좋은 소식 있기를 기원합니다.

2019년 7월 31일

5,800만원을 찍다

　　　　　　　　한 해, 한 달, 한 주, 하루가 참 빠릅니다. 점점 더 가속도가 붙는 느낌입니다. 시간이 빠르다고 생각할수록 마음도 급해집니다. 이룬 거 없는 사람이 바빠질수록 마음만 급해져 당장의 이익에 매몰되는 오류를 수없이 봤음에도 내게 닥치면 잊어버리는 것이 사람인 거 같습니다. 그래서 끊임없이 자신을 돌아보는 시간이 필요한 거겠지요.

올해부터 주방 직원 없이 알바생들만 데리고 주방을 꾸려가고 있습니다. 매일이 전쟁 같은 하루입니다. 하루를 마감하고 나면 몸속 에너지가 모두 고갈되는 느낌입니다. 일을 마치고 술 한잔으로 에너지를 충전하고 내일을 준비합니다. 이렇게 오래 걸릴 줄은 몰랐습니다. 금방 사람을 구하고 저는 좀 더 편한 시간을 보낼 거라고 생각했습니다. 그런데 역시나 세상일은 뜻대로 안 되나 봅니다. 여전히 저는 사람을 구하는 데도 서툴고 관리하는 것도 어렵습니다.

저는 마라톤을 합니다. 대회 기록에 큰 편차를 보이지 않습니다. 몇 분 몇 초를 앞당기려고 최선을 다해보지만 그리 만만치 않습니다. 달릴 때마다 힘들면 후회합니다. 늦게 먹은 야식이, 시원하게 마신 맥주 한잔이 제 몸을 망가뜨렸다는 것을 압니다. 피곤하다는 이유로 연습을 게을리한 것도 후회됩니다. 그래도 제가 할 수 있는 전력을 다해 달리기를 합니다. 대회에 나가 대충 달린 적은 없는 것 같습니다. 제 자신과 대충 타협하는 것이 습관이 될까 두려웠던 듯합니다.

아구찜을 시작한 지도 벌써 6년 차입니다. 그런데 요즘처럼 장사가 버겁다고 느껴 본 것도 처음입니다. 체력이 강건함에도 부쩍 힘들어하고 있습니다. 뜨거운 불 앞에서 몇 시간을 일하다 보면 정신은 몽롱하고 체력은 급방전됩니다. 그래도 다들 불경기라고 힘들다 힘들다 하는데 이 뜨거운 여름날 찾아주시는 손님들이 있어 행복합니다. 손님이 있어야 일도 즐겁고 미래도 꿈꿀 수 있는 거겠지요. 가끔 밀려오는 손님에 짜증이 날 때도 있습니다(진짜 그런 날이 있습니다. 어이없는 일이지만 사실이라 고백합니다). 그 이면에서는 이 뜨거운 여름, 밖에서 한참이나 기다리시는 분들을 보면 신기하기도 합니다. '우리 가게가 이렇게 기다릴 정도가 되는 건가?' 하는 생각도 듭니다. 그래서 저는 솔직히 두려운 마음이 더 큽니다. 한순간 썰물처럼 빠져나갈까 두렵고, 일장춘몽을 꾸고 있는 건 아닌지 두렵습니다.

7월에는 최고 매출을 기록했습니다. 매일매일이 주말인 듯 바쁘게 움직였습니다. 하루 최저 매출과 최고 매출의 편차가 크지 않고, 고른 매출을 기록하는 것에 마음이 든든합니다. 많이 단단해진 식당이 된 것 같습니다. 이렇게 저 자신도 가게도 조금씩 성장해가는 모습을 보면서 행복지수도 높아졌습니다. 마라톤을 하면서도 여전히 몇 초를 당기는 것에 제 모든 에너지를 쏟아붓듯이 장사도 그렇습니다. 언제나 게으름과의 타협을 경계합니다. 저는 아직도 더 나아지고 싶습니다. 7월 한 달 모두 고생하셨습니다. 8월에는 저도 휴가도 떠나고 조금은 쉬어볼까 합니다.

2019년 8월 31일

- - - - - - - - - - - - - - -

5,900만원을 찍다

덥디 더웠던 8월을 마감합니다. 아구찜이란 게 불과의 전쟁을 통해 나오는 것이라 여름마다 죽을 맛입니다. 그래도 시간은 이렇게 지나가는 법이니 너무 두려워할 필요 없겠지요. 내일은 가을 첫 마라톤인데 징크스인지 매번 대회 전날이면 최고 매출을 기록합니다. 오늘도 어디서 소문 듣고 이렇게 많이 오시는지 하루 온종일 불 앞에 서 있었네요. 내일은 달리면서 힘이 좀 들 것 같습니다.

이번 달은 서울과 강원도에서 3박 4일 휴가를 보냈습니다. 서울에서 '효자동초밥집' '넘버원부대찌개'를 방문하고 많은 것을 느꼈습니다. 언제나 반갑게 맞이해 주는 맛창 식구들이 저는 참 좋습니다. 강원도에서는 '삼척수제비'와 '아이러브아구찜'을 방문해 즐거운 시간을 보냈습니다. 이렇게 휴가를 즐겁게 보내느라 3일을 더 쉬었음에도 8월에 최고 매출을 갱신했습니다. 그 더운 날씨에도 밖에서 무작정 기다려주시는 손님들을 저는 아직도 신기하게 바라봅니다. 점점 매출이 상향평준화되고 있어 마음은 편안합니다. 포장 매출도 점심 매출도 꾸준히 증가하고 있습니다. 매출 5,000만원도 꿈이었는데 어느덧 6,000만원 고지에 다다랐네요. 불가능해 보이던 매출이 이루어지는 걸 보면서 더 높은 곳을 바라봅니다. 갈 수 있을 만큼 가보자, 어디까지 갈 수 있는지.

2019년 10월 31일
방송에 처음 나가다

10월 마지막 밤이 지나고 있네요. 큰 기대를 가지고 시작한 10월인데 생각만큼 만족스러운 결과를 내지는 못했습니다. 10월 초반은 매출이 영 신통치 않았습니다. 내심 6,000만원은 갈 수 있겠다 생각했는데 5,690만원으로 마감했네요.

엊그제 방송 촬영을 하고 오늘 방송이 나갔습니다. 신기하고 특별

한 경험이었습니다. 비록 이곳 대전에서는 방송되지 않았지만 이번 방송을 기회로 많이 알려지겠지요. 올해도 이제 두 달 남았네요. 좋은 기록을 만들 수 있도록 노력해야겠습니다. 방송을 위해 애써 주신 '양수리한옥집' 사장님께 감사합니다. 더 열심히 노력하겠습니다.

2019년 11월 30일

- - - - - - - - - - - - - - - - -

6,300만원을 찍다

토요일 마감은 오랜만이네요. 조금 전에야 알바생들과 늦은 저녁에 술 한잔하고 집에 들어와 마감글을 씁니다. 소장님을 책으로 만난 지 2년이 되었습니다. 설레는 마음으로 장사에 대한 생각을 완전히 바꾸고 하루하루 공부하는 인생을 살겠다고 다짐한 지 벌써 2년이네요. 2년 전 저는 지금 이 자리에서 노력해도 늘 2,000만원인 매출에 귀중한 시간만 하루하루 의미없이 보내고 있었습니다. 나이 쉰이 되었지만 지루한 일상과 장밋빛 청사진 없는 인생이 저는 괴로웠습니다. 소장님을 만난 지 2년 만에 오늘 3배의 매출을 기록했습니다. 올해 1년 동안 6,000만원 고지의 문턱에서 몇 번의 좌절을 겪은 후 과연 할 수 있을까 싶었던 꿈의 매출을 기록했습니다. 솔직히 믿기지 않는 매출입니다. 쉽지 않은 매출입니다. 정말 제 자신에게 뿌듯한 마음이 듭니다. 몇 번의 망설임 끝에 대출을 준비하고서야 어렵고 설레는 마음으로 소장님께 연락드렸던 그때 그 마음으로 내일을 맞이합니다.

2년 전의 저는 장사가 지루하고 재미도 없고, 미래는 암담했습니다. 하지만 요즘 저는 언제나 의욕이 넘치고 자신만만하고 미래를 두려워하지 않는 50세 중년이 되었습니다. 나이 50에 새로운 인생

안녕하세요. 소장님.
저는 대전 유성에서
원조진성아구찜이라는 가게를
4년째 운영하고 있는
정효영이라 합니다.
소장님의 책과 맛창 공지글을
읽으며 장사에 대해 크게
깨닫고 열심히 고민하고
공부하는중입니다.
머리와 가슴에는 이런 저런
아이디어와 의욕이 넘쳐나는데
막상 실행하려면 막막하기만
합니다.
진작 연락을 드리고 싶었지만
대출을 준비하느라 이제야
연락을 드립니다.
부족한 것 투성이지만
이제라도 정말 하루하루
즐거운 장사를 하고 싶습니다..
아내와 둘이 하루를
같이하면서 이제는 아내에게
행복한 미소를 안겨주고
싶습니다.

월별 매 출 조 회	
조 회 년 도	2 0 1 9
매출년월	주문금액
2019-01	45,915,000
2019-02	47,962,000
2019-03	55,831,000
2019-04	48,593,000
2019-05	52,486,000
2019-06	53,680,000
2019-07	58,264,000
2019-08	59,267,000
2019-09	56,217,000
2019-10	56,934,000
2019-11	63,864,000

을 시작하는 기분입니다. 6,000만원을 넘겼으니 이제 7,000만원을 바라봅니다. 불가능해 보이는 숫자이지만 저는 또 도전해 봅니다. 도달한다고 뭐가 크게 달라지는 건 아니겠지만, 해봐야 그 마음을 알 수 있는 거 아니겠어요? 달리기도 마찬가지로 특별한 이유 없이 그저 한 번 해보고 싶은 마음뿐이랍니다. 누가 알아주는 것은 아니지만 그저 나 자신에게 최선을 다했노라 말하고 싶을 뿐입니다.

11월은 특별함의 연속이었습니다. 처음으로 일 매출 400만원도 찍어봤고, 손님들에게 맛있다는 칭찬도 참 많이 들었던 11월이었습니다. 방송 출연으로 한동안 보지 못했던 친구가 방문하기도 했고요. 12월 마감글도 이렇게 즐거운 마음으로 쓸 수 있기를 기대해 봅니다.

2020년 1월 1일

6,900만원을 찍다

한 해가 몇 분 지났습니다. 잠깐 사이에 미처 한 해를 준비하기도 전에 지나가 버렸습니다. 2019년 모두 고생하셨습니다. 지나고 보면 잠깐이지만 하루하루는 제 인생의 전부였습니다. 열심히 달려온 한 해였습니다. 맛창을 만난 지 딱

2년입니다. 2년 동안 정말 많은 변화가 있었습니다. 미래가 암울했던 제 인생에서 이제는 장밋빛 미래를 꿈꿀 수 있는 현재를 만들어 냈습니다. 12월은 연말이라 매출이 많이 올랐습니다. 둘째 주까지는 잘나가다 셋째 주에는 주춤, 마지막 한 주는 제 정신을 쏙 빼놓을 정도로 바빴습니다. 엊그제 토요일에는 일매출 413만 3,000원으로 기록을 갱신했고, 이번 달 매출은 6,933만 3,000원으로 역시 월 매출 기록을 갱신했습니다. 지난 11월만 해도 상상하기 어려웠던 매출입니다. 지난 한 해 제가 예상했던 매출은 없었습니다. 언제나 제 예상을 뛰어넘어 저 자신도 놀라울 정도의 매출을 기록했습니다. 고백하건대 이렇게 쓰는 마감글만큼 정말 최선을 다하지는 못했습니다. 바빠도 투덜거렸고 한가해도 투덜거렸습니다. 투덜이 스머프처럼 잘되든 안 되든 투덜거리기 바빴던 한 해였던 것 같습니다.

 2020년부터는 주 5일 장사를 하고 싶지만 차마 그러지는 못하고, 한 달에 월요일 네 번을 쉬던 것을 하루 더 쉬기로 했습니다. 그리고 해물찜은 5,000원 인상하기로 했습니다. 아구찜도 인상하고 싶었지만 매년 인상하는 것 같아 이번에는 그만두었습니다. 2년 전 2,000만 원이던 매출이 맛창을 만나고 이제는 6,933만 원입니다. 정말 고맙습니다.

2020년 1월 31일

코로나 시작

코로나 바이러스가 대전까지 영향을 미치고 있는 것 같습니다. 예약이 확 줄었고 모임도 취소 문자가 연신 오는 걸 보니 당분간 고난의 행군이 지속될 것 같네요. 1월은 명절과 코로나 바이러스의 영향 때문인지 매출이 많이 떨어졌습니다. 한 달 사이에 정확히 1,000만원 감소한 5,930만원이었습니다. 하루 더 쉬고 명절 이틀을 일하지 못한 것을 생각하면 그래도 선방을 한 것 같습니다. 6,000만원대를 유지하고 싶었는데 그게 좀 아쉽네요.

1월 8일부터 아구찜 가격은 그대로 두고 해물찜 가격만 5,000원 인상했습니다. 小자가 5,000원 인상이면 만만치 않은 가격 오름이라 내심 걱정이 많았는데 손님들은 별 반응이 없었습니다. 여전히 해물찜 인기가 상승 중입니다. 확실히 잘 주면 가격은 문제되지 않는 것 같습니다. 이 사실을 알면서도 왠지 무서워서 아구찜 가격은 인상하지 못했습니다. 도레미로 상호를 바꾸고 2년 사이에 가격 인상을 아구찜 한 번, 해물찜은 두 번 했습니다. 첫 번째는 한 번에 7,000원, 두 번째는 5,000원을 올려서 해물찜은 2년 사이에 小자가

38,000원에서 50,000원이 되었습니다. 내용물이 더 첨가되지도 않았는데 말입니다. 더 재미있는 것은 도레미로 바꾸기 전에는 28,000원에 팔았다는 것입니다. 내용물도 거의 똑같았죠. 그럼에도 너무하다 싶을 만큼 장사가 안 되었는데, 맛창을 만나 해물찜 비주얼을 바꾸고 나니 내용물은 그대로인 해물찜의 가치가 곱절이 되었습니다.

지난주부터 예전에 같이 일하던 일식 주방장이 다시 합류했습니다. 뭔가 변화가 필요한 시기라고 판단했습니다. 제가 워낙 음식에 대한 감이 없어서입니다. 주방장 덕분에 어제는 광어를 잡아 손님들에게 서비스도 드렸습니다. 변화를 주기 위해 이것저것 시험해 보고 있습니다. 엊그제 잘나가는 사업가 선배가 가만히 머물러 있으면 후진 기어를 넣고 있는 것과 같다고 조언해 주더군요. 끊임없이 혁신해야 한다고 말입니다.

2월의 시작입니다. 갑작스럽게 닥친 코로나19 때문에 당분간 고전이 예상되지만 산 사람은 살아야 하니 살아나갈 수 있도록 노력해야겠죠. 바이러스 잘 이겨내시고 건강하고 즐겁게 한 달 시작해 보자고요.

2020년 2월 29일

- - - - - - - - - - - - - - - -

첫 주에는 신나게 달렸는데, 둘째 주에 대전에서 첫 확진자가 나오면서 약간 주춤하더군요. 셋째 주는 언제 그랬냐는 듯이 정상으로 회복해서 이번 코로나 사태가 쉽게 지나가는 줄 알았습니다. 그러나 주말에 대전 유성에서 확진자가 나오면서 상황이 급변하더라고요. 홀 손님보다 포장이 많아지고 예약이 취소되기 시작하더군요. 그런 상황에서 시작된 넷째 주는 첫 출근을 하고 나서부터 분위기가 이상했습니다. 넷째 주 화요일은 점심 1팀 저녁 6팀으로, 몇 년 만에 최저 매출이 나와 조금 당황했습니다. 수요일에는 점심 4팀 저녁 8팀이었고, 대신 포장이 늘기 시작했습니다. 목요일은 점심 1팀 저녁 2팀에 포장도 몇 개뿐으로 음식 장사 10년 만에 손님 얼굴을 최저로 만난 날이었습니다. 정말 별의별 생각이 다 들더군요. 이럴 수도 있구나…. 아득했습니다. 금요일에도 홀은 몇 팀뿐, 포장이 효자였습니다. 일주일 내내 손님이 없어 알바 3명의 출근을 정지시키고, 오늘은 1명 더 출근을 정지시켰습니다. 한 주 내내 우리 부부와 직원 1명, 저녁 알바 2명으로 운영했습니다. 오늘 토요일도 기대하지 않아 알바생이나 재료 준비도 많이 하지 않았습니다.

그런데 전화통에 불이 나면서 포장 주문이 40개나 들어오고 간만에 홀도 바쁘더군요. 정말 극과 극을 달린 한 주였습니다. 저 혼자 많은 생각을 한 시간이기도 했습니다. 손님 한 분 한 분 한 팀 한 팀이 얼마나 소중한지 새삼 느낀 시간이었습니다. 오늘 기적 같은 매출 덕분에 간신히 6,000만원을 넘겼습니다. 2월 한 달을 보내고 나니 앞으로의 나날들이 걱정됩니다. 생각보다 훨씬 힘든 날들을 보낼 것 같습니다. 그저 이 또한 지나가리니 용기를 잃지 않기를 바랄 뿐입니다. 모두 힘든 시기를 맞이한 것 같습니다. 힘들 내시고 건강 잘 챙기시길 빕니다.

2020년 3월 31일

영업을 마치고, 이 시간에 아이들을 데리고 집 앞 벚꽃 구경을 다녀왔습니다. 아이들이 너무 오랜 시간 방콕 생활을 하는 것이 안쓰러웠거든요. 자주 놀아줘야 하는데 장사한다고 함께 보내는 시간이 점점 짧아지고 있습니다. 코로나 때문에 다들 힘드시죠? 그래도 맛창 식당들은 코로나와 상관없는 집은 이 집뿐인 것 같다는 이야기를 듣고 있는 것 같더군요. 다행입니다. 천만다행입니다. 텅 빈 가게들을 볼 때마다 정말 맛창을 만난 게 얼마나 다행인지 모르겠습니다.

요즘은 대전·충청의 맛창 식구들과 자주 만나며 새벽까지 장사 이야기로 꽃을 피우는 시간이 많아졌습니다. 같이 이야기를 나누는 것만으로도 많이 배우고 느끼고 새로운 영감을 얻습니다. 예전처럼 장사하면서 느끼던 외로움 같은 것은 이제 없습니다. 광주든 대구든 우리 맛창 가족들을 만나고 돌아오면 언제나 내가 한층 더 성숙해지고 부자가 된 듯한 기분이 듭니다. 정말 큰 도움을 받고 있습니다. 어제도 '탱고아구찜' 사장님과 이야기를 나누었는데, 매출이 달라질 때마다 가게에서 어떤 현상들이 벌어지는지, 장기적으로 어떤 방향으로 나가야 하는지 세세하게 알려주시더군요.

같은 업종에서 대박 신화를 만들어가고 있는 분의 이야기는 저에게 희망과 함께 할 수 있다는 자신감을 줍니다. 이렇게 함께하면서 소중한 경험을 들을 수 있는 것만으로도 맛창은 저에게 특별한 존재입니다. 맛창의 구성원 한 분 한 분이 모두 장사의 스승입니다. 제가 시간 날 때마다 전국의 맛창 식당을 찾아다니는 이유이기도 합니다. 직접 가게 문을 열고 들어가 분위기를 살피고 음식을 맛보고 사장님들과 대화를 나누면서 제가 미처 생각하지 못했던 장사의 비법들을 배우게 됩니다. 다른 가게에 가봄으로써 제 가게를 객관적으로 보게 되는 것 같습니다. 자주 다녀보시길 바랍니다.

남들이 안 하는 것을 하나둘씩 계속해 나갈 때마다 우리 가게의 경쟁력은 점점 강해진다고 생각합니다. 별거 아닌 것처럼, 별 차이 없는 것처럼 보일지 몰라도 작은 것 하나하나가 모여 누구도 감히 따라오지 못하는 강한 식당이 된다고 확신합니다. 그래서 그 흔한 김치든 생수든 앞치마든 소홀히 할 수 없습니다. '퇴촌돌짜장' 사장님이나 다른 분들이 나에게 칠천, 팔천, 일억을 할 수 있다고 용기를 주지만 저는 솔직히 자신이 없습니다. 하지만 돌아보면 지난 2년 사이에 불가능해 보였던 매출을 계속 갱신해 왔습니다. 1년 후 지금 쓰고 있는 이 글을 읽으며 빙그레 웃고 있을지도 모르겠습니다. 생각만 해도 행복합니다.

3월 초반은 코로나 영향으로 저녁에 두세 팀 받는 날도 몇 번 있더군요. 그때는 앞이 캄캄했습니다. 이렇게 주저앉을까 겁도 났습니다. 며칠만 손님이 빠져도 금방 자신감을 잃어버리는 날이 많았습니다. 장사가 이렇게 매번 불안감의 연속인지도 모르겠습니다. 일희일비하는 마음이 많이 사라진 줄 알았는데 코로나 사태로 아직 제가 갈 길이 멀었다고 느꼈습니다. 다행히 중순 이후에는 힘을 내더니 지난달보다 200만 원이 빠진 5,800만원에 조금 못 미쳤습니다. 상당히 선전했습니다. 5,000만원 이하로만 떨어지지 말자고 다짐했으니까요.

2020년 6월 30일

두 번째 가격 인상

제가 도레미로 바꾸기 전 아구찜 小자가 23,000원이었습니다. 도레미로 다시 출발할 때 급격한 가격 인상도 무섭고, 5,000원이면 충분히 받는다고 생각해 28,000원으로 小자를 시작했습니다. 1년이 지난 후 매출이 느는 만큼 제 손도 커져서 이익률이 너무 낮았습니다. 그래서 과감히 7,000원을 올려 35,000원으로 인상했습니다. 그때는 정말 밤잠을 설쳐가며 고민했습니다. 2명에게는 35,000원이 부담이겠지만 3~4명은 먹을 만한 가격이라 판단하고 믿기로 했습니다. 다행히 큰 저항 없이 안착할 수 있었습니다.

2주 전 저는 다시 한 번 가격 인상을 시도했습니다. 이번에는 고민도 짧았습니다. 과감히 5,000원을 인상했습니다. 그런데 인상하는 그 주부터 대전에 코로나가 확산되면서 매출이 급락하기 시작했습니다. 그래도 다행히 가격 인상에 대한 저항은 크지 않더군요.

가격 인상을 하면서 2년 동안 주던 바지락칼국수 대신 동죽탕을 준비했습니다. 면을 빼는 것에 대한 고민이 많았는데 과도한 걱정이었습니다. 칼국수 면을 달라고 하는 사람이 아무도 없더군요. 그리고 가게 근처에 창고를 하나 임대하고, 가게 내부의 여유 공간을 정비해서 셀프 코너를 만들었습니다. 셀프로 계란 프라이와 부침개를 맘껏 만들어 드시라고 했습니다. 라면 기기도 들여서 내일부터 제공하려 합니다.

가격 인상을 할 때마다 고민이 참 많습니다. 그래도 일단 마음먹으면 후폭풍은 걱정 말고 인상한 만큼 어떻게 보답할 것인지를 고민하면 문제는 해결이 되는 것 같습니다. 우리 맛창의 상차림은 언제나 특별하니까요.

7년 동안 아구찜을 만들면서 똑같은 레시피로 즉석에서 양념을 배합하는 방식을 고집하고 있습니다. 예나 지금이나 레시피는 변함없는데 손님들은 전보다 더 맛있다고 합니다. 그 이유는 잘 모르겠습니다. 아마도 가게 분위기 때문에 더 맛있게 느끼는 건 아닐까 생각합니다. 그런데 이번에 가격 인상을 하면서 아구찜 만드는 방식을 바꿨습니다. 고민이 많았던 부분인데 제 입맛을 믿고, 과감히 '바지락아구찜'을 만들었습니다. 바지락에서 나오는 향과 맛을 믿고, 만드는 시간은 늘었지만 모든 아구찜에 선택이 아니라 무조건 바지락을 넣었습니다. 지금까지는 성공적인 듯합니다. 아무도 바지락 넣은 것에 문제 제기를 하지 않았습니다. 오히려 더 맛있다고 합니다. 음식을 바꾸는 게 큰 모험이긴 하지만 더 맛있다는 확신이 있다면 도전해 보는 것도 좋을 듯 싶습니다. 저는 감히 우리나라에 단 하나뿐인 바지락아구찜이란 타이틀을 가지고 싶었습니다.

지난달은 워낙 특수한 달이었기에 이번 달은 7,000만원대로 진입하는 것이 목표였습니다. 목표 달성에는 실패했지만 코로나로 힘든 시기에 6,600만원을 기록한 것은 나름 선전한 결과라고 생각합니다. 6월은 참 바쁘게 이런저런 일들을 처리했습니다. 내일부터는 또 어떤 일들이 기다리고 있을지 아무도 모릅니다. 불확실한 미래를 안고 살지만, 그래도 이렇게 단단해져 가는 식당을 가진 것에 마음은 든든합니다.

2020년 7월 31일

대전에서도 코로나가 심각했습니다. 7월 중순까지 확진자가 꾸준히 증가하면서 예약은 사라지고 사람들의 외식도 급격히 사라지기 시작했으니까요. 다행히 3주째부터 조용해지면서 조금씩 예약이 들어오기 시작하네요. 7월에는 얼굴인식 체온계도 도입했고 아이스크림 냉장고도 설치했습니다. 체온계 덕분에 이 작은 식당에서 이런 것까지 하느냐며 감탄하는 손님들의 표정도 읽을 수 있었고, 아이스크림 덕분에 장사가 잘될수록 퍼준다고 칭찬도 받았습니다. 계란 프라이와 부침개를 만들어 먹을 수 있는 셀프 코너를 만든 것도 손님들에게 큰 호응을 받았습니다. 손님들이 공짜를 참 좋아하는구나 새삼 느끼는 중입니다. 몇 개를 먹든

말든 보지도 않고, 손님과 눈도 마주치지 않으려 노력합니다. 그래 봐야 손바닥 안이지요.

엊그제는 제가 롤모델로 생각하는 '탱고아구찜'을 보고 왔습니다. 맛창 가족이 아니라면 어느 누가 주방을 공개할까요? 대박집 주방은 그저 보는 것만으로도 공부가 됩니다. 초대해 주시고 주방도 공개해 주신 '탱고아구찜' 사장님께 감사합니다. 제 가게 주방이 혹여 궁금하신 분이 계시면 저도 언제든 공개해 드리겠습니다.

8월은 주말이 다섯 번이나 있네요. 주말 성적이 좋은 가게들은 8월이 기대되겠네요. 참, 7월에도 선방하여 7,500만원의 매출을 기록했습니다. 가끔 매출을 공개하는 것에 부담감이 느껴지기도 합니다. 하지만 그래도 제 매출을 통해 하나의 가게가 어떤 흐름으로 흘러가는지 지켜보는 재미도 있을 거라고 생각합니다. 자랑하려고 올리는 건 절대 아니니 그저 예쁘게 봐주시길 바랍니다. 그냥 그런가 보다, 그냥 저 친구는 그런 친구다 생각하면 편할 겁니다. 처음부터 공개했으니 이제 와서 안 하면 궁금하잖아요.

2020년 8월 31일

- - - - - - - - - - - - - - - -

8,000만원 돌파

다섯 번의 주말로 기대가 컸던 8

월이었습니다. 주말에 매출이 유독 좋은 식당은 주말이 기대됩니다.

8월은 절호의 기회였습니다. 처음 2주간은 정말 바빴습니다. 그래서

휴가도 연기할까 고민했습니다. 비가 오는 날 휴가 가기는 아까워

미루고 미루다 늦게서야 하루 휴가를 잡았습니다. 도레미로 바꾼 지

3년이 다 되어가는데 일 500만원은 결코 쉽지 않았습니다. 그런데

그 어려운 것을, 코로나 시국에, 예상치도 못한 날에 500만원을 넘어

월 별 매 출 조 회	
조 회 년 도	2 0 2 0
매출년월	주문금액
2020-01	59,348,000
2020-02	60,117,000
2020-03	57,775,000
2020-04	67,973,000
2020-05	88,168,000
2020-06	66,529,000
2020-07	75,034,000
2020-08	86,202,000

600만원을 기록했습니다. 다음날도 500만원을 올려, 단 이틀 만에 1,100만원이라는 매출에 놀랐습니다.

8월 2주간은 엄청 바빴습니다. 그런데 15일 이후 대전에서 다시 확진자가 급증하면서 상황이 돌변했습니다. 홀 손님은 뚝 끊기고, 그때부터 포장이 늘기 시작했습니다. 그러더니 어제는 포장 주문이 무려 70개, 오늘은 53개로 정말 예상치 못한 일이 발생했습니다. 그렇게 8월은 이변의 연속이었습니다. 확진자가 급증한 대전에서, 매출이 오른 가게는 아마 별로 없었을 겁니다. 이번 달은 무려 8,620만원입니다. 어느 누구를 만나도 어렵다는 이야기뿐이었는데, 정말 다행입니다.

2020년 9월 30일
- - - - - - - - - - - - - - - - -

이제 내일이면 추석 명절이네요. 오늘은 명절 연휴 기간에도 장사를 하겠다는 마음에 문을 열었습니다. 매년 명절 당일과 전날은 휴무였는데, 올해는 주방 인원과 홀인원이 확보되면서 처음 문을 열었습니다. 명절 전날 치고는 나쁘지 않은 매출이었습니다. 역시나 포장이 홀보다 많았습니다. 9시까지만 영업하고 부모님 댁에서 오랜만에 동생과 소곡주 한잔하고 돌아왔습니다.

이번 달은 코로나 확진자가 점점 감소하는 추세였습니다. 그런데 매출은 초반보다 중순 이후 급격히 떨어지기 시작했습니다. 추석 명절의 영향인지 어쩐지는 모르겠습니다. 손님들의 주머니가 많이 비었구나, 하는 느낌을 받았습니다. 그런데 퇴근하는 길에 대학가 젊은이들이 많이 찾는 동네를 지나다 보니 식당에 사람들이 바글바글했습니다. 우리 집은 아직 멀었구나, 많이 반성했습니다. 장사가 안 되는 이유가 특별한 게 있겠습니까? 아직 갈 길이 먼 것이지요.

이번 달 목표는 7,500만원 이상이었습니다. 7,000만원대 안착하는 게 중요했는데 다행히 이달 7,400만원을 기록했습니다. 돌이켜 보면 등락을 거듭하면서 우상향하다 어느 순간 한 단계 업이 되는 것 같더군요. 10월은 다시 한 번 8,000만원대를 넘기는 목표를 세웁니다. 10월이면 맛창을 만난 지 3년이 됩니다. 참 많은 변화가 있었습니다. 시도해 본 것도 숱하게 많았고 생각만큼 결과가 나지 않아 포기할 때도 많았습니다. 두어 번 시도했다 스리슬쩍 포기하기도 했고, 우연찮게 시도했다 지금까지 유지하는 것도 있습니다. 아구찜에 두부, 수제비, 떡, 어묵, 달걀, 오징어, 낙지 등 반찬도 이것저것 넣었다 빼고, 탕도 1년에 한 번씩 교체했습니다. 가격도 세 번이나 인상했으니 거의 1년에 한 번씩 큰 변화를 주는 등 다양한 시도를 숱하게 했습니다. 시도도 쉽게 했고 포기도 빨랐습니다. 그러면서 많이 느끼고 깨우쳤습니다. 얼마 전에는 아구찜 中자에 오징어를 주다가 일주일 만에 포기했습니다. 시도하기 전에는 이거 대박이겠다 싶었는데 정작 해보니 반응이 영 신통치 않더군요. 주면서도 그 가치를 인정받지 못하는 것은 과감히 포기할 줄 아는 장사꾼이 되었습니다. 생각한 것들이 있으면 꼭 한 번 시도해 보시길 권합니다. 그런 작은 도전과 실패들을 직접 해본 사람은 엄청난 감을 익히는 것 같습니다.

2020년 10월 31일

제가 맛창에 가입한 지(무료 회원) 딱 3년이 되었습니다. 엄청 오래된 것 같은데 헤아려보면 이제 3년입니다. 하루 100만원대, 한 달에 3,000만원 이상 매출을 올리는 식당이면 바랄 게 없었습니다. 그로부터 3년이 지나 10월 매출은 7,360만원입니다. 시작할 때보다 3배 이상의 엄청난 매출인데 뭔가 아쉬움을 느끼며 술 한잔을 하고 있습니다. 사람 마음이라는 게 이

렇게 변하더군요. 10월 초 추석 명절에 쉬지도 않고 일했는데 매출은 지난달보다 적네요. 그 원인이 눈에 뻔히 보이는 경우도 있지만 도무지 이유를 알 수 없는 경우도 있습니다. 시간이 지날수록 끊임없이 상승할 것만 같은 매출은 여전히 오르락내리락하니 긴장의 끈을 놓을 수 없습니다. 이래서 장사가 참 힘들고 항상 겸손해야 한다고 하는 것 같습니다. 음식 장사만 10년, 맛창 3년이 지나도 사람 마음이란 것이 이렇게 왔다 갔다 합니다. 오늘 못하는 일을 내일 한다는 보장도 없습니다. 하지만 직접 뭔가를 실행하다 보면 쉽게 풀리지 않는 갈등의 터널을 지나게 됩니다. 그래서 경험 많은 맛창의 존재가 시간이 지날수록 더 크게 느껴지고 큰 도움을 받게 됩니다.

아침에 눈을 뜨면 저의 첫 번째 행동은 맛창의 문을 여는 것입니다. 내 삶의 일상이 언제나 똑같은 듯해도 어제와 오늘은 또 뭔가 다르듯이 맛창도 내게는 하루하루가 다르게 다가옵니다. 여전히 맛창이 제 하루의 시작이고 인생의 스승인 이유입니다. 내일은 11월의 시작이지만, 그저 오늘과 별반 다를 것 없는 하루이자 일요일일 수 있습니다. 하지만 언제나 내일은 희망이자 내 인생의 미래입니다. 저는 언제나 내일을 기대합니다. 내일은 오늘보다 더 잘살아야지 다짐합니다.

2020년 12월 31일

코로나에도 연 8억원 매출을 올리다

지난 3년 동안 제 인생이 완전히 달라졌습니다. 아구찜 식당을 시작해서 2,000만원 전후의 매출로 4년을 보내고, 맛창을 만나 첫 달에 3,600만원을 찍었던 그때의 그 감동이 아직도 제 가슴에 새겨져 있네요. 원래 12월은 연중 최고 매출을 기록하는 달인데 코로나 때문에 쉽지 않았습니다. 12월은 포장이 무려 65%나 되었기에 포장이 없었으면 큰일 날 뻔했던 달이었습니다. 성탄절 당일은 81개의 포장 신기록을 세웠습니다. 그리고 평소에도 주말이면 60개 이상의 포장 매출이 발생합니다. 포장으로만 200~300만원의 매출이 오르니, 코로나 상황에서도 좋은 매출을 기록할 수 있는 것입니다. 아마 배달을 했다면 이 정도 매출이 아니었을 겁니다. 많은 사람들이 어려울 때는 배달이 답이라고 생각하는데 저는 이제 그렇게 생각하지 않습니다. 손님이 내 가게까지 직접 와서 싸가는 포장이어야 한다는 소장님의 의견에 전적으로 동감입니다. 그래서 코로나 시국에 자영업자들이 고생한다는 기사의 홍수 속에서 연매출 8억 6,000만원(2019년 6억원대, 맛창 만나기 전에는 평균 2억원대)을 올렸습니다.

2021년 5월 31일
- - - - - - - - - - - - - - - -
9,000만원을 넘다

　　　　　　　　　　5월의 시작이 엊그제 같은데 벌써 한 달이 지났네요. 시간이 정말 빠르게 흘러가고 있습니다. 5월은 매출을 크게 올릴 기회였습니다. 주말 다섯 번에 공휴일 두 번이 있었으니까요. 작년 5월 코로나 지원금 덕분에 8,800만원이라는 최고 기록을 세웠는데, 이번 5월도 9,200만원이라는 좋은 기록을 세웠습니다. 4월 마감글을 쓰면서 5월 목표를 9,000만원이라고 했는데 목표를 달성해서 기분이 좋습니다. 5월 8일은 어버이날과 토요일이 겹치면서 하루 최고 매출 750만원을 찍었는데, 그중 포장이 무려 111개였습니다. 찾아오는 손님과 전화가 무섭기는 그날이 처음이었습니다. 중간에 전화기도 내려놓고 오는 손님도 돌려보내고 정말 정신없는 하루를 보낸 것 같습니다. 펜을 잡고 있던 손은 자꾸 쥐가 나고 마라톤으로 단련된 종아리도 터질 듯하고, 아무리 장사가 잘되어도 매일 이렇게 하라고 하면 죽어도 못할 것 같더군요. 그래도 그런 날을 경험하고 나니 그보다 적은 매출은 한가하게 느껴집니다.

　　맛창을 만난 지 3년 5개월입니다. 처음에는 40%에 달하는 배달 매출을 놓치기 아까워 도레미로 간판을 바꾸고도 7개월이나 배달을 했습니다. 배달을 멈추고 두 달 정도는 매출이 하락하더니 다시 자리를 잡아가면서 매출이 상승하기 시작하더군요. 배달을 생각하시는 분들이 있다면 처음 몇 달간은 매출이 올라도 장기적으로는 매출이 떨어진다는 것을 염두에 두셔야 할 겁니다. 배달보다는 포장, 포장보다는 홀에 집중하는 것이 장기적인 관점에서 낫다고 생각합니다. 도레미아구찜으로 새롭게 시작한 첫 달부터 매번 마감글을 쓰면서 고민도 많았습니다. 성장하든 하락하든 솔직하게 우리 가게를 보여주고 싶었습니다. 그래서 저보다 늦게 오시는 분들에게 성공과 실패를 알려드리고 싶었습니다. 다행히 실패보다는 조금씩 나아지는 모습을 보여드려 안심이 됩니다. 앞으로도 더 좋은 모습을 보여드리기 위해 노력하겠습니다.

2021년 8월 31일
- - - - - - - - - - - - - -
두 번째 방송 촬영

　　　　　　　　　　　무더운 여름이 걱정이었는데 짧은 더위로 끝나 얼마나 다행인지 모르겠습니다. 벌써 찬바람이 불어오는 게 가을인가 봅니다. 코로나가 점점 심해지면서 대전은 7월 마지막 주부터 4단계로 진입, 저녁 6시 이후에 3인 이상 모임 금지가 시행되었습니다. 그때부터 서서히 매출이 곤두박질치기 시작해 저녁에 10팀도 못 받는 날들이 많아지더군요. 점점 심각해져 가는 매출로 고민이 많던 차에 갑자기 〈생생정보〉 작가로부터 전화를 받았습니다. 정말 다행이다 싶었습니다. 방송 찍는 건 생각보다 스트레스를 많이 받는 일입니다. 2년 전 방송은 음식 만드는 과정에 넣지도 않는 레시피로 너무 피곤했습니다. 서울·경기 쪽만 방송되고 대전·충청은 자체 방송을 하는 바람에 효과도 전혀 얻지 못했습니다. 그런데 〈생생정보〉는 억지로 연출하는 레시피가 없어서 좋았습니다.

4단계가 시작되면서 월요일, 화요일 이틀씩 쉬었습니다. 이틀을 쉬니 좋기는 좋더군요. 지난주 화요일에 방송되었는데 때마침 대전은 지난주부터 2인에서 4인으로 인원이 바뀌었습니다. 방송하고 나면 엄청 바빠진다고 하길래 화요일도 문을 열었습니다. 수요일 장사 준비 겸 방송되는 시간의 손님들 반응을 보기 위해서였죠. 방송 시작하고 3분쯤 지나니 전화가 쉴 새 없이 울리더군요. 그리고 7시 10분쯤 방송이 끝나고 나서 방송을 보고 왔다며 10여 팀이 들어오더군요. 방송 효과가 엄청 빠르다는 걸 느꼈습니다.

수요일 점심부터 방송 효과는 참 대단했습니다. 그렇게 단 6일 동안 3,500만원을 팔았습니다. 마라톤으로 단련된 저도 체력의 한계가 느껴지더군요. 직원들 모두 매일 이렇게는 못하겠다고 하소연했습니다. 방송 효과가 얼마나 갈지는 모르겠습니다. 오시는 한 분 한 분 소중히 생각하면 한 단계 도약하는 계기가 될 수 있겠지요. 점심 매출이 부족한 게 큰 약점이었는데 방송 덕분에 점심에도 만석의 기쁨을 누리고 있습니다.

2021년 9월 30일

드디어 1억원을 찍다

　　　　　　　　　　백신 2차를 맞고 조금 일찍 퇴근했습니다. 걸어가면서 4년 동안의 맛창의 과정들을 되돌아보았습니다. 많은 시행착오도 했고 많은 변화도 있었습니다. 가격도 아구찜 小자 28,000원으로 시작해서 35,000원을 거쳐 현재 40,000원까지 인상했습니다. 방송도 두 번 탔습니다. 맛창을 만나기 전 아구찜 장사 4년 동안 1,600만원에서 2,000만원 사이를 오가며 밥은 먹고 사는데 대출금은 점점 늘어나는 희망 없는 시간을 보내고 있었습니다. 나이는 50이 코앞인데 미래가 보이지 않는 삶에 너무나 지쳐 있

었고, 어떻게 헤쳐 나갈지 암담하기만 했습니다. 우연히 이경태 소

장님 책을 만나 인연을 맺고 도레미로 상호를 바꾼 2018년 2월에

3,600만원이란 엄청난 매출에 감탄하면서 미래에 대한 희망을 보았

월별매출조회	
조 회 년 도	2 0 2 1
매출년월	주문금액
2021-01	76,621,000
2021-02	74,908,000
2021-03	79,314,000
2021-04	80,698,000
2021-05	91,952,000
2021-06	74,230,000
2021-07	79,322,000
2021-08	85,341,500
2021-09	117,388,500

습니다. 그리고 드디어 2021년 9월, 꿈의 숫자인 1억을 찍었습니다.

1억 원을 꼭 해보고 싶었습니다. 정말 나 같은 사람도, 도레미 같은 입지의 식당도 1억 원을 팔 수 있다는 걸 보여드리고 싶었습니다. 정확히 3년 8개월 걸렸습니다. 불가능해 보였던 매출이 현실이 되는 것을…. 내가 해냈다는 사실에 스스로 대견스러운 마음도 생겼습니다. 이제 좀 마음이 편안해졌습니다. 무거운 짐을 내려놓은 느낌입니다. 마라톤 풀코스를 만족스러운 기록으로 완주했을 때의 기분입니다. 이제 즐기면서 하는 장사를 하려 합니다. 일희일비하지 않고 손님들과 내가 행복해지는 장사를 하고 싶습니다. 오늘의 나를 있게 한 맛창에게 다시 한 번 감사의 인사를 드립니다.

"우리 부부는 5학년입니다."
6학년이 되려면 한참이지만
4학년을 너무 힘들게
살아왔습니다.

食堂을 고집해 아내는 고생고생
아이들도 어느덧 성인이 코앞입니다.
줄까지 서주시는 손님들 덕분에
작은, 용기를 내볼까 합니다.

한달에 하루만 **100만원** 목표였는데
손님 덕분에 날마다 100만원인 도레미

이제 **월,화**를 쉬면서
아내와 **두 딸**에게는 좋은 아빠
함께 하는 직원들에게는
즐거운 일터를 만들고 싶습니다.

5일간 문 열면서

손님들에게
더 맛있는 아구찜을
준비할까 합니다...

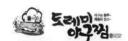

Part 2

당신의
식당을
바꿔 드립니다

식당은 힘듭니다.
그러나 별 수 없습니다.
이미 시작했으니….
식당은 고됩니다.
이처럼 식당 근육이 무서울 줄 몰랐습니다.
식당은 절망과 희망의 싸움입니다.
식당을 필연으로 시작하는 사람은 드뭅니다.
어쩌다 하게 된 식당이 대부분입니다.
그 탓에 여유가 없었고, 준비가 없었습니다.
이제부터라도 손을 대야 합니다.
지금이라도 다시 시작의 마음이어야 합니다.
이 책을 읽어야 하는
이유이기도 합니다.

1_ 사장님!
가격 차등은 불편해요

쭈꾸미가 먹고 싶어 아내와 둘이 규모가 제법 큰 쭈꾸미 집을 갔습니다. 피자에 묵사발까지 주는 쭈꾸미 세트는 1인분에 10,900원이고, 단품 쭈꾸미는 8,000원입니다. 단품은 공깃밥이 별도이니 1인분 9,000원이 됩니다. (제가 만들어 전국에 퍼뜨린) 피자는 먹고 싶지 않았습니다. 11월 말 쌀쌀한 날씨라 묵사발도 딱히 생각나지 않았습니다. 쭈꾸미만 듬뿍 넣어서 밥에 비벼 먹고 싶었습니다. 그래서 단품으로 3인분에 공깃밥은 2개만 달라고 했습니다. 둘이서 26,000원을 주문했습니다. 쭈꾸미 세트 2인분을 주문했다면 21,800원입니다. 우리

는 쭈꾸미를 많이 먹고 싶어 둘이서 단품으로 3인분을 시켜 4,200원
을 더 내는 손님이었습니다.

사진처럼 쭈꾸미와 함께 비벼 먹을 콩나물과 무채만 나왔습니다.
다른 반찬은 일절 없었습니다. 참 초라했습니다. 이게 26,000원어치
상차림인 겁니다. 이렇게 팔아놓고 다음에 또 오기를 바라는 겁니
다.

"세트를 시키면 푸짐한데, 일부러 단품을 시켜놓고 왜 시비냐?"고
하실 수 있습니다. 그 말에 이렇게 답하면 어떤가요?

"사장님, 저는 1,900원이 아까워서 단품을 시킨 게 아닙니다. 쭈꾸
미를 많이 먹고 싶어서 시킨 거예요. 그래서 둘이 3인분을 시킨 겁니
다. 돈이 없어서 단품을 시킨 게 아니라고요."

물론 이 말은 하지 않았습니다. 제 입장을 표명할 이유도 없고, 주인과 그런 실랑이를 할 만큼 친한 사이도 아닙니다(지적도 관심이 있어야 합니다).

그 대형 쭈꾸미 집은 젊은 부부가 주인입니다. 남편은 카운터에서 어슬렁거리고, 아내는 다른 일을 하고 있는지 보이지 않았고, 그 넓은 홀을 열심히 뛰어다니는 하나뿐인 직원 아주머니에게 더더욱 그걸 지적할 이유는 없었습니다. "원래 팔지 않으려던 단품이라서 반찬도 없이 초라한 건 어쩔 수 없다"고 말한다면 제가 생각한 대답은 이럴 겁니다. 물론 직접 말하지는 않겠지만요.,

"알겠습니다. 당신의 식당은 그래서 힘들 거고, 내일도 그 넓은 홀을 직원 혼자 뛰어도 될 만큼의 매출만 얻어낼 겁니다. 나아지길 원하지 않으니 그렇게 장사해도 그만입니다."

어쨌든 3인분을 시킨 덕에 푸짐하게 쭈꾸미를 먹다가 아들 생각이 나서 포장을 주문했습니다. "쭈꾸미 세트 2인분 포장해 주세요." 그러자 "네"라고 답한 직원 아주머니가 확인 차 여주인에게 물어봅니다. 그리고 저에게 "저기 쓰여진 대로 홀에서 세트 메뉴를 드셨을 때에만 저 가격에 포장된답니다. 단품을 드셨으니 세트 메뉴 할인이 안 된답니다"라며 미안해했습니다.

세트메뉴 식사 후
가족을 위한 포장♥
1인분 2,000원 할인
쭈꾸미세트 10,900 → 8,900원
만두쭈꾸미세트 11,900 → 9,900원
튀김쭈꾸미세트 12,900 → 10,900원

쭈꾸미볶음 (3) 24,000
공기밥 (2) 2,000

메 뉴 명   수량   금액 구분

쭈꾸미볶음   (2) 15,000 추가

주 문 합 계 금 액 :   42,000

"죄송할 거 없습니다. 쓰여진 글을 읽고도 제대로 이해 못하고 주문한 제가 나쁜 손님이지요. 뭐."

다만 여기서 제가 하고 싶은 말은 이겁니다. 주인이 홀을 관리하지 않고 방치하면 이런 일이 생깁니다. 주인이 카운터나 어슬렁거리는 걸로 소임을 다하니, 큰 손님을 놓칠 수밖에 없습니다. 둘이서 3인분을 시킨 손님입니다. 돈이 없어서 싸구려 단품을 사 먹는 손님이 아니라, 쭈꾸미를 너무 좋아해 둘이 3인분을 시킨 손님임을 알아야 합니다. 게다가 2인분을 포장까지 해가는 손님입니다. 그 손님을 단골로 잡아야 할까요? 놓쳐도 그만일까요? 아마도 주인은 그 사정까지는 미처 몰랐을 겁니다. 우리 주문을 직접 받지도 않았고, 관심을 두지도 않았으니 그저 단품을 시킨 싸구려 손님으로 봤을 겁니다. 그래서 원칙적인 말로 직원에게 전달했을 겁니다. 직원도 앞뒤 설명 없이 "단품을 드셨는데 포장하며 할인해 달라는데 어떡할까요?"라고 물었을 겁니다. 단품 3인분 이야기는 미처 못했을 겁니다. 혹시나 둘이서 단품 3인분을 먹은 손님이라는 것을 알고도 주인이 그렇게 응대를 했다면 더더욱 큰일입니다. 그 젊은 주인 부부는 어쩌면 식당으로 재산을 잃을 확률이 매우 높을 테니까요.

제가 하고픈 말은 단품이냐 세트냐를 떠나 홀에서 먹던 손님이 포장 주문까지 하면 그 손님은 무조건 잡아야 한다는 겁니다. 내 편으로 만들어야 합니다. 돈까스를 먹은 손님이 쭈꾸미 세트 2인분 포장은 왜 할인이 안 되는 건가요? 싸구려 돈까스를 먹었기 때문인가요? 그렇다면 6,000원짜리 싸구려는 애초에 팔지 말았어야 하지 않나요?

둘이서 단품 쭈꾸미 3인분을 시키고, 거기에 포장까지 2인분을 시킨 큰 손님을 과연 놓쳐야 하나요? 어떡하든 내 단골로 만들어야 하지 않을까요? 뭘 먹었든 간에, 우리 집 대표 메뉴 쭈꾸미 세트를 포장하는 손님을 잡지 못하는 그 어리석음을 지적하고 싶은 겁니다. 주인이 홀의 손님을 챙기는 수고를 하지 못한 책임을 꾸짖는 겁니다.

◆ ◇ ◆

정말 좋은 식당이 되려면 이렇게 고쳐야 합니다. 메뉴판에 메뉴가 많은 것은 모른 척하겠습니다. 이 책에서는 더 이상 말하지 않을 작정입니다. 죽어도 메뉴 수를 포기하지 못하겠다면야 더 이상 어떻게 할 수 없는 일입니다. 가난은 나라님도 구제 못한다는 옛말도 있으니까요.

그럼 이제부터 단지 제가 겪은 상황, 제가 실제로 느낀 아쉬움을 바탕으로 식당에서 고쳐야 할 점들을 지적해 보겠습니다.

세트와 단품 가격의 차이는 공깃밥을 포함하면 1,900원 정도입니다. 손님이 2명이라면 3,800원 차이가 나는 겁니다. 그 돈으로 피자도 한 판 주고, 묵사발에 야채샐러드도 줍니다. 겨우 3,800원으로 그 많은 걸 주니 손님은 손해 보는 게 아닙니다. 그래서 그 컨셉으로 체인점도 내고, 본사도 부자가 되었습니다. 하지만 그게 무기인 그 식당은 손님에게 그것만 팔아야 합니다. 그 식당은 단품 메뉴를 아예 팔지 않아야 합니다(공주에 있는 '홍기와쭈꾸미'는 단품은 팔지 않고, 식사류 한 가지만 단일 가격으로 팝니다). 단품을 공깃밥 따로 해서 8,000원으로 싸게 보여지게 파는 게 아니라, 공깃밥 포함해서 '쭈꾸미 1인분 9,000원'이라고 적어야 합니다. 공깃밥이 별도라고 써둔 단품 쭈꾸미는 메뉴판에서 지워야 합니다.

더 좋은 메뉴판은 다음과 같이 꾸미는 것입니다. 저처럼 피자가 싫고, 묵사발이 별로인 손님도 있을 겁니다. 그런 손님은 아예 못 오게 하는 게 가장 좋지만, 그런 손님마저 잡고 싶다면 메뉴판을 이렇게 고치는 겁니다.

쭈꾸미 세트 10,900원(쭈꾸미 + 야채샐러드 + 묵사발 + 고르곤졸라 피자)

단품 쭈꾸미 10,900원(쭈꾸미 1.3배 + 묵사발 or 야채샐러드)

추가 쭈꾸미 8,000원

이렇게 가격 차등을 두지 않는 겁니다. 피자를 함께 주는 컨셉에서 피자를 빼고 쭈꾸미 양을 더 늘려주는 겁니다. 쭈꾸미 양을 많이 줬다는 이유로 손님 외식이 초라해 보이지 않게, 야채샐러드나 묵사발 중 하나를 기꺼이 내주는 겁니다. 그래도 됩니다. 원가는 손해가 아닙니다. 쭈꾸미 세트에서 2개를 뺐으니(피자와 묵사발 또는 피자와 샐러드) 쭈꾸미 양을 30% 더 주는 게 어쩌면 원가로는 더 이득일 수도 있습니다. 그런 메뉴판이었다면 제가 단품 3인분에 공깃밥 2개로 26,000원을 쓰지 않았을 겁니다. 단품 쭈꾸미 2인분으로도 만족스러운 식사가 되었을 거고, 다른 집보다 4,200원을 덜 썼으니 그 집

단골이 될 확률도 높았을 겁니다.

이 식당은 흔한 커피 자판기가 아니라 비싼 아메리카노 기기를 2대나 놓았습니다. 1회용 앞치마도 달라고 하지 않아도 인원수대로 테이블에 올려놨습니다. 수저통도 소독이 되는 비싼 제품이고, 여성을 위한 머리 고무줄에 이쑤시개를 비닐에 깔끔히 넣었습니다. 테이블마다 휴대폰 충전기를 놔둔 것도 감동입니다. 물 대신 찻물을 데워 먹게끔 한 것도 참 근사한 정성입니다. 이런 것이 마케팅이고, 주인이 그만큼 공부를 많이 한 식당입니다. 그런데 정작 중요한 주인의 정성이 보이지 않았습니다. 주인의 진심 어린 접객이 없었습니다. 손님이 적다는 이유로 그 넓은 홀을 직원에게 맡기고 방치한 주인의 태도는 크나큰 잘못이고 고칠 부분입니다. 그것도 한창 더 뛰어도 견딜 수 있는 젊은 나이의 주인이라면 더더욱 큰일입니다.

손님은 주인하기 나름이라는 사실을 간과하고 있으니 안타깝기 그지없습니다. 식당이 크고 인테리어가 좋은 데다 요소요소 마케팅 장치를 해두기만 하면 장사가 저절로 잘될 거라는 태도는 반드시 고쳐야 합니다. 장사는 사람이 하는 것이고, 주인이 어떻게 하느냐에 따라 결과 차이가 큽니다. 그 사실을 간과해서는 안 됩니다. 장사는 체인이냐, 독립점이냐가 중요한 게 아닙니다. 손님의 지출이 아깝지 않도록 마음의 기술을 부려야 합니다.

◆ ◇ ◆

저는 식사로만 제공하는 쭈꾸미 집은 만들지 않습니다. 매출이 뻔하기 때문입니다. 만원 × 머릿수 매출이라서 싫습니다. 게다가 피자를 주는 세트는 이미 10년 전부터 해봤습니다. 피자 주는 동태탕, 피자 주는 초밥, 피자 주는 짬뽕, 피자 주는 보리밥, 피자 주는 삼겹살까지 만들어 봤습니다. 2012년부터 4~5년 동안 거의 모든 식당에 대입해 톡톡히 재미를 봤습니다. 그리고 그때 우리는 어떡하면 더 고품질의 피자를 줄 것인가를 고민했습니다. 그에 반해 지금 피자를 주는 체인점들은 참 볼품없습니다. 모양만 피자일 뿐 조악한 수준이라 헛웃음이 나고 맙니다. 그렇게 줄 거라면 우리는 아예 주지 않았을 겁니다. 그랬다면 제가 4~5년씩이나 피자 컨셉으로 재미를 보지도 못했을 것이고, 수많은 체인 본사들이 그 컨셉을 모방하지도 않았을 겁니다.

저는 식사로만 제공하는 쭈꾸미 집을 벗어나야 한다고 생각합니다. 쭈꾸미로 외식하는 집, 쭈꾸미로 술자리가 즐거운 집으로 만들어야 한다는 쪽입니다. 그러자면 쭈꾸미 가격을 올려야 합니다. 단품 8,000원, 세트로 10,000~12,000원쯤에 팔아서는 부족합니다. 가격을 올리고 손님의 예상보다 양을 많이 주어야 합니다. 가격을 올리고 손님이 생각지 못했던 근사한 반찬을 주어야 합니다. 더불어 가격이 비교되는 다른 메뉴는 함께 팔지 말아야 합니다. 괜히 가격 차등이 되는 비슷한 메뉴를 만들어 손님의 기분을 상하게 하지 않습니다. 중요한 점은, 대놓고 2인분 주문을 권하는 겁니다. 인원수 주문을 하지 말라고 권해야 합니다. 그렇게 주문을 받으면 쭈꾸미를 15,000원 받아도 손님은 비싸다고 하지 않습니다. 2인분 3만원이지만 셋이서 2인분을 시키면 1인당 만원이기 때문에 다른 집과 가격 차가 없고 오히려 더 쌉니다. 1인당 만원으로 푸짐하게 먹을 수 있으니까요. 특별한 반찬까지 먹는데 만원이면 되니까요. 거기에 맛까지 있다면 기꺼이 추가할 겁니다. 그때 또 한 방 먹이는 겁니다. 이미 반찬은 깔아줬으니 추가에는 반드시 보답·보상을 해주는 겁니다. 그러면 손님은 내 편이 되지 않고 못 배길 겁니다. 우리는 이를 '동수론'이라고 말합니다.

셋은 둘이 왔다 생각하고, 넷은 셋이 왔다 생각하라고 합니다. "우리 집은 양이 많아서(실제 다른 식당보다 20~40% 양이 더 많음) 1인분 덜 시켜도 됩니다"라고 권하게 합니다. 그럼 셋이서 2인분으로 다른 집 2.5인분이나 2.8인분을 먹게 됩니다. 분명히 셋이 먹기엔 양이 부족할 수 있습니다. 그러나 주문에서 이미 식당이 이겼습니다. 손님의 지갑을 1인분 아껴줬기 때문에 셋이서 2.8인분인 양을 2인분 가격만 내었으니 설사 양이 부족해도 서운함이 없습니다. 우리는 기분에 죽고 삽니다. 말 한마디에 천냥빚도 갚는다고 합니다. 맛있는 음식이 나오기 전에, 손님의 기분부터 맛있게 만들어주는 장치가 바로 '동수론'입니다. 식당도 동수론이 억울하지 않습니다. 만원짜리 쭈꾸미를 3인분 파나, 15,000원짜리 쭈꾸미를 2인분 파나 매출은 같습니다. 그런데 손님이 남습니다. 단골이 되어주는 내 손님을 남기게 됩니다.

◆ ◇ ◆

메뉴판은 읽는 '재미'가 있어야 합니다. 메뉴판에서 손님이 '이득'인 셈법이 느껴져야 합니다. 이 두 가지를 반드시 넣어야 합니다. 재미와 이득, 거기에 색다름, 안 먹으면 손해인 그런 재주를 부려야 합니다. 그 재주라는 게 남보다 가격을 더 받아내고, 그 차익에서 마음을 비우면 누구나 해낼 수 있을 정도로 쉬운 일입니다. 예를 들어 만 원짜리 쭈꾸미를 팔면 7,000원이 남는다고 할 때 15,000원을 팔면 대부분은 9,000원이 남아야 된다고 생각합니다. 그런데 우리 맛창 식당은 8,000원만 남으면 된다고 생각합니다. 만원에 팔아서는 매 력있게 줄 수 없기에 15,000원을 받아낸 것입니다. 거기서 만원일 때의 마진과 같은 비율을 남길 이유가 없다는 게 제 지론입니다.

모든 사람들이 할인으로 손님을 유인하려고 몸부림칠 때, 의연하 게 가격을 더 올려 받고 손님을 놀래주는 게 진짜 좋은 식당, 손님이 줄을 서는 식당이 되는 길임을 알아야 합니다. 식당에서 가격 할인 은 절대 손님을 만족시키지 못합니다. 그저 그때 잠깐 좋을 뿐입니 다. 그렇다고 또 가거나 소문내거나 하지 않습니다. 제 말을 부디 믿 으셔야 합니다. 그래서 우리 맛창 식당은 그 어떤 할인도 하지 않습 니다. 심지어 오픈 때도 하지 않습니다. 잠깐 이슈가 될 뿐 그 이상의 성과가 나지 않는, 식당이 손해 보는 장사를 할 이유가 없기 때문입 니다.

주문방법:

첫주문은 **2인분**부터 됩니다.
처음 오셨으면 **3명도 2인분 주문**합니다.
자주 오셨어도 **3-4명도 2인분**부터 드세요
2인분 후 추가가 더 이득입니다.

"쭈꾸미를 추가하시면
+쫄면이 서비스에요"

처음부터
3인분 원하시면
쫄면이 반찬입니다

一品料理
Gourmet dishes

불쭈꾸미 1인분 ₩15,000 (2인이상 주문가능)
불쭈삼 1인분 ₩15,000 (2인이상 주문가능)

매콤-한 맛 │ 독 쏘는 매운맛 │ 선택

- 선지국은 달라시는대로 서비스합니다.
- 보쌈은 추가하시면, 양을 보태서 15,000원입니다.
- 쫄면도 별도 추가하시면, 5천원 받습니다.
- 공기밥 천원/볶음밥은 셀프는 천원, 시키면 2천원

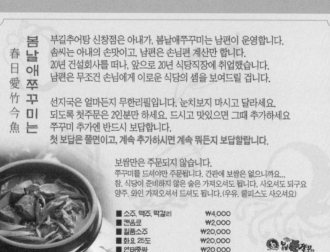

春日愛竹今魚 봄날애쭈꾸미는

부길추어탕 신창점은 아내가, 봄날애쭈꾸미는 남편이 운영합니다.
솜씨는 아내의 손맛이고, 남편은 손님편 계산만 합니다.
20년 건설회사를 떠나, 앞으로 20년 식당직장에 취업했습니다.
남편은 무조건 손님에게 이로운 식당의 셈을 보여드릴 겁니다.

선지국은 얼마든지 무한리필입니다. 눈치보지 마시고 달라세요.
되도록 첫주문은 2인분만 하세요. 드시고 맛있으면 그때 추가하세요.
쭈꾸미 추가엔 반드시 보답합니다.
첫 보답은 쫄면이고, 계속 추가하시면 계속 뭐든지 보답합니다.

보쌈만은 주문되지 않습니다.
쭈꾸미를 드셔야만 주문됩니다. 간판에 보쌈은 없으니까요...
참, 식당이 준비하지 않은 술은 가져오셔도 됩니다. 사오셔도 되구요
양주, 와인 가져오셔서 드셔도 됩니다. (우유, 콜피스도 사오셔요)

■ 소주, 맥주, 막걸리	₩4,000
■ 캔음료	₩2,000
■ 일품소주	₩20,000
■ 화요 25도	₩20,000
■ 연타중짜	₩20,000

2 _ 小자를 권하세요. 그게 가장 빠른 답입니다

단품 메뉴보다는 小中大 메뉴를 파는 게 좋습니다. 단품은 크게 만들어 주는 데 한계가 있지만, 小中大는 마음만 먹으면 얼마든지 손님의 기대를 뛰어넘어 크게 만들어 줄 수 있습니다. 단품도 小中大의 기술을 못 부릴 건 없지만, 어쨌거나 小中大 음식은 손님을 제압하기에 좋은 태생적 강점을 가졌습니다. 물론 그 강점을 잘 썼을 때의 이야기이고, 小中大를 인원수로 파는 식당은 아무 소용이 없습니다. 小는 2인용이라고 못 박고 파는 그런 흔한 식당들이 이 글을 읽고 제발 깨우침을 가졌으면 하는 바람입니다.

혼자인 손님은 小中大 음식을 파는 집에 가지 않습니다. 혼자서 小자를 먹을 수 없기 때문입니다. 그래서 최소한 둘이 아구찜 집의 문턱을 넘습니다. 그리고 2명의 손님은 무조건 小자를 시킵니다. 둘이서 中자를 시키는 일은 거의 없습니다. 자, 그럼 小자의 가격은 어때야 할까요? 둘이서 먹기에 적당한 가격이어야 할까요? 둘이니까 아구찜 小자는 25,000~30,000원쯤이 적당할까요? 이게 시험문제라면 정답은 그게 맞습니다. 그러나 현실의 식당을 시험문제처럼 풀어서는 살아남기 어렵습니다. 다른 답을 만들어야 합니다.

2명의 손님은 그들이 지불하기에 적당한 가격인 25,000~30,000원에 아구찜을 먹습니다. 당연히 양도 적당합니다. 그래서 적당한 식사를 경험했습니다. 모든 게 적당하니 또 와야 하는 이유는 아구찜 맛 외에는 없습니다. 그런데 그 맛이라는 게 대부분 비슷해서 결국 같이 간 사람이 결정지어 줍니다. 상대와 흥미로운 시간이었다면 맛있었을 것이고, 지루하고 따분했다면 아구찜 맛도 별로였을 겁니다. 이건 아주 중요한 고민거리입니다. 식당의 수고가 손님의 사정에 따라 변질된다는 것은 참 불편한 관점이기 때문입니다. 맛의 객관화가 그래서 어려운 겁니다. 음식 맛은 장금이의 입맛보다 손님의 기분에 따라 더 많이 결정된다는 사실을 식당 주인들은 알아야 합니다. 그래서 맛의 최고점을 지향해야 할 이유가 없습니다. 한편으로 그건 노력한다고 도달되지도 않습니다. 그저 맛은 평균 이상이면 됩니다. 그 평균 이상이라는 것도 여간 노력해야만 얻을 수 있는 결과라 결코 만만히 봐서는 안 되지만, 그보다 중요한 것이 맛있게 먹게 하는 식당의 역할, 주인의 배려입니다.

2명의 손님에게 25,000~30,000원의 아구찜을 파는 건 현실적으로 식당이 연명하는 수준에 불과합니다. 다시 말하지만, 일반적 수준으로는 그 손님을 '만족' '감동' '또 오게 하는 힘'까지 줄 수 없다는 뜻입니다. 그래서 저는 아구찜 小자도 최소 4만원 이상 매기는 편입니다. 분명히 2명의 손님에게는 비싸지만, 둘인 손님이 셋이 되고 넷이 되는 길은 반드시 둘이 먹기에는 많은 양이어야 합니다. 그래야 그 양 많은 아구찜을 다 먹기 위해 손님을 늘려서 다시 옵니다. 여기서 중요한 핵심은 손님을 늘려서 와야 하는 이유를 만들어 주는 겁니다. 그게 맛있게 먹게 하는 역할이 되는 것입니다. 바로 '4인도 小자 주문 환영'이어야 합니다.

둘이서 배부르게 먹은 아구찜 小자는 비싸지만, 넷이서 당당히 주문해 먹을 수 있는 小자일 때는 싼 가격이 됩니다. 손님이 둘만 아니면 얼마든지 싸게 먹을 수 있는 아구찜 식당인 겁니다. 둘이 시켜서 비싼 겁니다. 둘이라서 양이 엄청난 겁니다. 적당한 양에 적당한 돈을 쓰고 싶은 손님이라면 그렇게 파는 식당을 선택해서 가면 그만입니다. 왜 여기는 이렇게 비싸냐고 따지는 손님을 미리 걱정할 필요는 없습니다.

◆ ◇ ◆

　그럼 4만원짜리 아구찜은 2명의 손님에게는 항상 부담스러울까요? 아닙니다. 미리 반은 포장하고 먹어도 됩니다. 그만한 가치가 있는 맛이라면, 그게 이득이라고 생각한다면, 반은 포장해서 한 사람이 선물로 가져가면 4만원짜리 아구찜은 행복한 식사가 됩니다. 그런데도 다른 집 3만원짜리보다 1만원이나 더 비싸서 죽어도 못 가겠다는 손님은 포기해도 그만입니다. 그런 손님까지 애써 잡을 필요는 없습니다. 싼 게 좋은 사람은 절대 소문내지 않습니다. 스스로도 창피함을 알기 때문입니다. "넌 지금도, 여전히, 아직도 싸게 파는 아구찜을 찾아가 먹는 거니?"라는 말을 듣는 게 얼마나 초라한지 잘 알기 때문에 흔적을 남기지 않습니다.

　20대 후반, 직장 동료들과 함께 마포에 있는 아구찜 집에 갔던 기억이 아직도 생생합니다. 4명이 大자를 시켰는데 세상 본 적 없는 대형 접시에 아구찜을 내줬습니다. 가격이 얼마였는지는 기억나지 않지만, 20대 후반 남자 4명이 아구찜 한 접시를 다 먹지 못하고 일어났던 기억만 20년이 지나도 또렷합니다. 그 푸짐했던 접시는 세월이 지나면서 기억 속에서 더 커질 뿐입니다.

식당은 小中大를 팔면서 4명이 小자를 시켜도 웃을 줄 알아야 합니다. 넷이서 小자를 시켰을 때 푸짐한 정도까지는 아니어도 먹을 만하게 양을 채워주면 됩니다. 넷이서 小자 양이 적다고 투정하는 손님은 손님도 아닙니다. 그런 손님 또한 버리고 가야 합니다. 그 손님은 진상이 분명할 테니까요. 4명도 먹을 만한 小자와 둘이 먹으면 딱 적당한 小자, 여기에는 '가격'이라는 변수가 있습니다.

대부분의 식당은 둘이 지불하는 가격을 낮게 매깁니다. 그래야 쉽게 팔릴 테니까요. 아무래도 4만원짜리보다는 3만원짜리 2인 小자가 더 팔릴 확률이 높습니다. 하지만 확률이 높은 것과 재방문은 아무 관계가 없습니다. 식당의 바람은 재방문입니다. 온 사람이 또 오는 게 좋습니다. 한 번 온 사람이 다시 오지 않는 식당은 하나 마나니까요. 그 방법은 어렵지 않습니다. 둘이 먹기에는 버거운 小자를 팔아야 합니다. 그걸 감당하고 오는 손님 둘이어야 합니다. 그래야 그 사람들이 푸짐하게 먹고, 소문을 내고, 서넛으로 손님을 불려서 다시 온다는 것을 믿어야 합니다.

예외는 있습니다. 아구찜을 25,000원에도 푸짐하게 줄 수 있다면 그건 전혀 다른 경우가 됩니다. 그 돈으로도 식당의 이익을 챙기고 손님의 기분을 좋게 해줄 수 있다면 당연히 4만원보다 25,000원이 경쟁력이 더 있습니다. 그걸 해낼 수 있다면 그렇게 팔면 됩니다.

◆ ◇ ◆

小는 2인용이 아닙니다. 中은 3인용이 아닙니다. 그렇게 팔아서는 안 됩니다. 小는 2～3인용, 中은 3～4인용이라는 문구도 지워야 합니다. 양은 손님이 알아서 시키는 겁니다. 배가 부른 데도 와준 손님이라면 얼마나 고마운가요? 넷이서 삼겹살 배불리 먹고, 2차로 우리 집 아구가 당긴다고 와준 4명의 손님에게 小자를 웃으면서 팔지 못할 이유가 있나요? 손님의 배를 채우는 사정은 손님의 주문에 맡겨야 합니다. 식당이 이래라저래라 할 이유가 전혀 없습니다. 4명이 小자를 먹는 게 꼴 보기 싫을 이유가 전혀 없습니다. 小자를 4명에게 팔아도 남습니다. 小자를 둘에게 팔면 더 많이 남는 게 아닙니다. 물론 넷보다는 반찬을 덜 먹을 테니 그 값은 남을지 몰라도, 아구찜 小자 자체로는 둘이 먹든, 넷이 먹든 식당의 이득은 같습니다. 그러니 절대 小자를 넷이 먹는다고 짜증 낼 일이 아닙니다. 식당이 4명의 손님에게 小자를 권하면 둘일 때 小자 가격은 넘어설 만합니다. 넷이서 먹을 땐 분명 쌌으니까요. 오늘은 둘이 왔지만, 내일은 손님 스스로 인원수를 채워서 와줄 겁니다. 그게 싸다는 걸 아니까요. 그럼 결국 식당이 이득입니다. 저절로 단골 한 사람이 늘어난 거니까요.

◆ ◇ ◆

'아구찜은 콩나물찜이 아닙니다' 이게 히트의 첫 번째 이유였습니다. 콩나물로 양을 부풀린 것이 아니었기에 통했습니다. 손님이 만족했습니다. "그래 바로 이거야"라고 칭찬해 주었습니다. 그러나 그저 아구 양만 많이 넣어주는 것으로 손님을 늘리는 데는 한계가 있습니다. 4만원짜리 小자 아구찜의 푸짐한 양만으로 손님을 내내 줄세우는 계획을 이제는 보완해야 합니다. 그 수정에도 역시 가격이 필요합니다.

5,000원이 더 보태져야 합니다. 5,000원이라는 손님의 돈이 반드시 필요합니다. 4만원으로 콩나물찜이 아닌 아구가 푸짐하게 들어간 아구찜에, 손님이 추가로 부담한 5,000원을 마저 쓰는 겁니다. 그 돈으로 큰 반찬 하나를 더 만들어서 냅니다. 불고기전골, 샤브샤브처럼 다양한 반찬을 만들 수 있습니다. 어떤 건 원가가 5,000원이 전부 들어갑니다. 원가가 가장 적은 것도 3,000원 이상은 들어갑니다. 5,000원을 더 올렸지만 식당에 남는 건 거의 없습니다. 오히려 수고

가 더 늘어납니다. 그러나 그래도 이렇게 해야 합니다. 그래야 손님이 우리 아구찜을 더 찾아줄 테니까요.

4만원을 쓰는 손님에게 5,000원이면 10% 정도 더 내는 액수입니다. 그런데 식당은 그 5,000원이면 만원이 훨씬 넘는 값어치를 만들어 낼 수 있습니다. 손님이 낼 만한 여력이 있는 적은 돈으로 마술을 부리는 겁니다. 다만 거기서는 남기지 않겠다고 마음먹으면 됩니다. 손님 돈 5,000원으로 주방이 수고하면 그뿐이라고 생각하면 됩니다. 아구찜 小자를 4만원에 먹는데 45,000원에는 못 먹을 이유가 없습니다. 5,000원 더 내고도 훨씬 더 이득이라고 느낀다면 그걸 마다할 손님은 없습니다. 아구찜은 혼자 먹는 게 아니니까요. 4명이 주문해도 되는 小자라서 1인당 1,250원씩만 더 부담하면 훨씬 더 근사한 아구찜 밥상을 받게 되니, 손님은 기꺼이 그 집을 또 가고 싶어 할 겁니다. 손님 스스로 또 가고 싶다고 느끼게 하는 일, 손님 돈 5,000원이면 실현 가능하다는 것을 확인하실 겁니다.

3 _ 추가에, 많이 먹을 때는
반드시 보답하세요

　30대를 대전에서 보냈지만 당시는 먹고사는 게 힘들어 서울에서

5일을 일하는 주말부부였기에, 대전에 좋은 식당이 얼마나 있는지

를 알지 못했습니다. 39세에 대전을 떠나 52세가 되어 다시 대전으

로 이사 온 후, 대전에 참 좋은 식당이 많다는 걸 확인하는 것이 즐거

움이었습니다. 그 대표적인 식당이 바로 '○○뚝방구이'라는 식당입

니다. 아침마다 걷는 10km 운동 코스가 3가지쯤 되는데 그중 하나

의 코스로 걷다 간판에 이끌려 가본 식당입니다.

　식당은 겉에서 본 것과 다르지 않았습니다. 노포의 냄새가 폴폴 풍

겠습니다. 서민의 추억을 담은 식당입니다. 무엇보다 고기를 한 가지로만 팔아서 좋았습니다. 한 가지 고기를 한 가지 가격에 팔아서 좋았습니다. 그리고 가격이 싼 것도 매력적이었습니다. 1인분 9,000원은 충분히 더 받아도 좋을 거 같은데 주인은 무슨 연유인지 그 가격에 만족하나 봅니다. 그런데 ○○뚝방구이에서 제가 이야기하고 싶은 것은 식사용으로도 파는 청국장이나 내장탕을 고기 2~3인분에 1개, 4인분을 시키면 2개를 서비스로 준다는 점입니다. 5,000원 청국장을, 6,000원 내장탕을 그냥 줍니다. 고기 2인분이라고 해봐야 18,000원이고, 4인분은 36,000원입니다. 36,000원을 주문하면 청국장 1개, 내장탕 1개 해서 11,000원이 선물인 셈입니다. 결국 고기는 4인분 정량을 겨우 25,000원에 먹는 거지요. 그걸 1인분으로 나누면, 6,000원으로 체감가격은 뚝 떨어집니다.

게다가 ○○뚝방구이의 고기 맛은 예사롭시 않습니다. 연탄에 정성을 다해 구워냈기 때문에 불맛이 탁월합니다. 어떤 부위를 사용했기에 겨우 9,000원을 받는지는 몰라도, 고기 맛에 비하면 한없이 싼 가격입니다. 게다가 2인분을 주문하면 형식적으로 주는 1호짜리 뚝배기 된장찌개가 아니라 식사로 파는 것과 똑같은 내장탕과 청국장을 내줍니다. 그러니 긴 줄도 마다하지 않습니다. 기다릴 가치가 있기에 긴 줄도 마다하지 않습니다. 손님이 그처럼 기다려가면서까지 먹는 식당이 이익이 적다고 손해일까요? 이익은 하나의 크기로 따지는 것이 아니라 전체의 크기로 따져야 합니다. 이익이 적어도 그 양이 많으면 결국 돈을 법니다. 그게 바로 박리다매인 겁니다. ○○뚝방구이는 사실 9,000원 이상 받아도 되는데, 손님이 그렇게 줄을 서는데도 가격을 올리지 않아서 더 멋졌습니다.

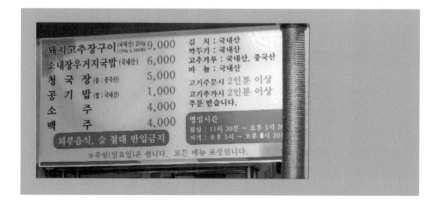

저는 싸게 파는 걸 좋아하지 않습니다. 싸게 팔아서는 잘 줄 수 없다는 단순한 논리 때문입니다. 그래서 제가 만드는 식당은 1인분 가격이 다른 곳보다 비쌉니다. 小中大 음식도 절대 싸지 않습니다. 그런데 손님들은 맛창 식당을 좋아하고 인정합니다. 첫 번째 이유는 인원수 주문을 강요하지 않아서이고, 또 다른 이유는 보답과 보상을 해주기 때문입니다. 비싸지만 양을 더 많이 주고, 비싸지만 특별한 찬을 내줍니다. 비싸지만 추가 곁들임은 손님에게 이득이 될 정도로 알차게 내주기에 손님들은 눈에 보이는 가격만으로 판단하지 않습니다.

저는 박리다매를 좋아하지 않습니다. 싼 데 좋을 수는 없다고 생각하기 때문입니다. 싸고 좋은 건 없지만 비싸서 좋은 건 있습니다. 비싼데, 분명히 비싼데 먹다 보면 싸다는 생각이 드는 전략을 활용합니다. 그런 점에서 ○○뚝방구이는 가격을 더 받아도 됩니다. 박리다매로 오해받지 않고 당당해져도 좋습니다. 그 이득을 주인이 더 가져가도 됩니다.

박리다매라는 싸구려 인상을 피하려면 전략에 맞춰 전술을 잘 써야 합니다. 그렇게 싸게 보여지면 손님이 만만히 봅니다. 절대 손님에게 갑질을 할 틈을 주지 말아야 합니다. 그러자면 일단, 싸서는 곤란합니다. 많이 팔려야 합니다. 재구매가 많아야 합니다. 어떤 이슈로 '한 번 반짝' '며칠 한탕'은 아무런 의미가 없습니다. 무조건 장사는 재구매, 재방문을 통해 꾸준한 매출 증가를 실현해야 합니다.

◆ ◇ ◆

오래전 복어를 팔던 식당에서 클리닉을 의뢰했습니다. 테이블은 20개나 되는데 하루 매출은 10팀, 50만원이 전부였습니다. 하루 종일 테이블 10개를 겨우 팔았습니다. 1시간에 겨우 한 테이블 손님이었던 겁니다. 그래서 일손은 한 사람만 있어도 견뎠습니다. 적은 월세에 한 사람 인건비라 한 달에 1,500만원을 팔고도 500만원쯤은 남았습니다. 당시 주인의 나이가 20대 후반이었으니 500만원은 결코 적은 수입이 아니었습니다. 그러나 주인은 매일이 살얼음판이라고 했습니다. 손님을 기다리는데 피가 마른다고 했습니다. 이렇게 하는 장사는 희망이 없다고 하소연을 했습니다. 이후 그 식당은 저를 통해 보리밥 집으로 변경했습니다. 그러나 싸구려 보리밥을 팔지 않았습니다. 다른 집보다 비싼 가격의 보리밥을 팔았고, 손님이 줄을 섰고, 옆 동네에 보리밥 집을 하나 더 차릴 수 있었습니다.

◆ ◇ ◆

이야기가 잠시 옆길로 샜습니다. ○○뚝방구이를 가볍게 보면 그저 가격이 싸서 가는, 박리다매로 줄을 세우는 것처럼 보여질 겁니다. 그런데 핵심은 9,000원이라는 싼 가격 때문이 아닙니다. 그 이유는 옆 동네에서 같은 돼지구이를 파는 집을 보면 알 수 있습니다. 걸어서 10분도 채 걸리지 않는 옆 동네에 숯불로 2인분 14,000원에 돼지구이를 팝니다. 이 집은 1인분에 7,000원입니다. 그런데 여기는 손님이 없습니다. 손님이 가장 많아야 할 시간에도 손님이 없습니다. 그래서 낮에는 값이 더 싼 점심특선을 내걸었고, 저녁에는 1인분 7,000원짜리 돼지구이를 팝니다. 하지만 싼데도 손님이 없습니다. 7,000원이라면 9,000원보다 무려 20%나 싼데도 손님은 더 비싼 ○○뚝방구이에 갑니다. 가게 분위기도 이 집이 더 낫고, 인테리어도 훨씬 더 많이 투자를 했습니다. 이를 보면 분위기가 매력적이라서 ○○뚝방구이에 손님이 더 끌리는 것도 아니라는 겁니다.

사진을 보면 단박에 느껴집니다. 고기의 모양새 자체가 다릅니다. 먹고 싶은 고기와 그저 그런 고기입니다. ○○뚝방구이는 반찬도 듬뿍 내줍니다. 형식상 담아낸 반찬이 아닙니다. 그리고 무엇보다 많이 시키면 선물을 줍니다. 식사로 돈 내야 먹는 뚝배기를 서비스로 받는 겁니다. 그 매력에 손님들은 줄을 섭니다. ○○뚝방구이는 그처럼 매력이 여러 가지라서 대기가 길어도 손해 보는 시간이 아니라고 믿는 겁니다.

1인분 7,000원에 파는 식당을 지나 조금 더 내려가면 또 다른 식당이 있습니다. 이곳이야말로 가장 식당답게 꾸몄습니다. 투자를 가장 많이 했습니다. 그래서 가격도 제법 받아냅니다. 제육볶음을 1인분 11,000원에 팝니다. 제육볶음도 같은 돼지구이니, 사실상 가격이 제일 비쌉니다. 그런데 여기가 제일 아찔합니다. 나이 드신 어머니와

50대 아들 둘이 겨우 버티는 중입니다. 그것도 가장 다양한 메뉴를 가지고 싸우는 중입니다. 게장도 팝니다. 그 어려운 게장까지 팔겠다고 팔을 걷어붙였습니다. 그걸로 승부해야 하는데, 제육볶음도 욕심을 냅니다. 남들 주는 상차림은 어지간히 흉내 냈습니다. 그러나 그뿐입니다. 흉내뿐이라 돈이 아깝습니다. 아내와 둘이서 22,000원을 내고 먹는데, 약도 오르고 안쓰러움에 절로 혀를 차게 됩니다.

◆ ◇ ◆

식당은 그렇게 팔아서는 나아지는 것이 없습니다. 좋은 내일이 오지 않습니다. 제대로 팔아야 합니다. 뭔가를 채워서 줘야 합니다. 그리고 보답을 해야 합니다. 보상을 주면 손님은 기꺼이 한 자리에서 많이 먹습니다. 아무런 보상이 없으니, 1차만 후딱 마치고 자리를 옮길 생각을 하는 겁니다. 맛있게 먹게 해주는 식당을 만나면 대부분의 손님들은 거기서 최대한 많이 주문하고 좋은 시간을 더 오래 즐기려 합니다. ○○뚝방구이는 그 보상의 칼을 잘 쓴 덕분에 재료가 소진되어 항상 일찍 문을 닫습니다. 점심 끝, 저녁 시작 브레이크 타임을 무려 4시간이나 갖는 겁니다.

4 _ 小자가 너무 싸면 大자는 팔기 힘들어요

예식장을 다녀오는 길에 뷔페로 먹은 이런저런 음식이 소화될 즈음, 칼칼한 뭔가가 먹고 싶었습니다. 아내가 대번에 말합니다. "닭볶음탕 어때?" 그래서 저는 닭볶음탕을 간판으로 걸고, 메뉴가 적은 식당을 찾았습니다. 그리고 小자를 너무 싸게 파는 식당을 발견했습니다. 물론 小자를 사먹으려는 의도는 아니었습니다. 大자를 시킬 거였지만, 小자가 싼 집의 大자는 어떨지 확인하고 싶었습니다.

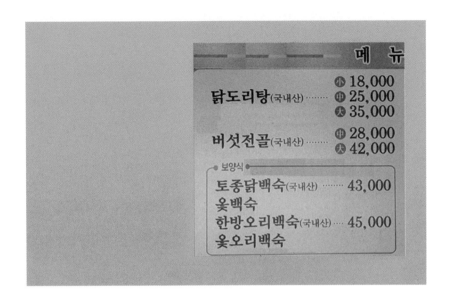

포장해 온 음식을 열어보니 닭다리가 3개였습니다. 大자라고 1마리 반을 넣어준 겁니다. 그런데 닭다리가 크지 않았습니다. 잘해야 10호짜리다 싶었습니다. 10호와 12호, 13호 닭의 가격 차이는 600~800원 정도로 알고 있습니다. 손님들은 '닭이라는 핵심 재료를 싼 걸 쓰면서까지 아낄까?' 싶겠지만, 대부분의 식당은 티끌을 모아 태산을 만들려고 합니다. 그렇게 해서는 절대 돈을 벌 수 없다는 것을 모르기 때문입니다. 무조건 재료를 줄이고 졸라매면 돈을 벌 거라고 착각합니다.

大자가 1마리 반이었으니, 닭볶음탕 中자는 1마리, 小자는 반 마리일 겁니다. 10호짜리 반 마리를 둘이서 먹는다? 18,000원에 공깃밥이 별도니까 2만원을 주고 다리 하나 있는 반 마리를 가지고 나눠 먹는다? 손님 둘이서 반 마리 양으로 흡족하게 식사를 한다? 그걸 먹고 맛있다고 다음에 또 간다? 이 책을 읽는 당신이라면 그럴 수 없음을 알고 있을 것입니다. 이미 그 가격은, 그 小자는 틀렸다는 것을! 가격이 문제가 아니라는 것을….

그럼 中자 25,000원은 경쟁력이 있을까요? 반 마리 가격인 18,000원에 7,000원만 더 보태면 반 마리를 더 먹을 수 있으니 경쟁력이 있어 보일 겁니다. 10호 닭 1마리의 도매가격이 4,000원이라고 하겠습니다. 여기에 재료를 보태고 양념을 만들어 올리고 반찬을 내주는 값을 포함하면 총 7,000원쯤 될 겁니다. 판매가 25,000원에 비하면 원가율은 30%가 채 안 됩니다. 그만큼 닭은 원가가 좋은 음식입니다. 볶음탕에 고명을 듬뿍 넣었다고 해도 8,000~9,000원이면 1마리 닭볶음탕이 완성될 겁니다. 그렇게 좋은 원가를 가지고 파니까, 손님도 좋아하고 그래서 줄을 서야 하는데, 이 식당의 실상은 그렇지 않습니다. 손님이 별로 없습니다. 심지어 블로그에 리뷰도 없습니다. 그래서 사진으로 보여진 메뉴판의 나머지 반은 식사류, 점심류로 채워야 했습니다. 닭볶음탕 하나로는 점심을 채우기 어렵다는 걸 알기 때문입니다. 간판에 걸린 메뉴로 점심을 극복하지 못한다면 차라리 저녁에만 승부하는 것도 좋은 방법입니다. 그러나 대부분은 간판과 다른 점심 메뉴를 끼워 넣어 해결하려고 합니다. 그래서 주인은 아침부터 밤까지 일해야 하고, 직원 인건비를 더 쓰면서 고생을 자처합니다.

◆ ◇ ◆

저녁에 팔리는 음식이 점심에는 덜 팔린다? 그것도 어쩌면 편견입니다. 자신을 위한 변명일 수 있습니다. 물론 점심부터 삼겹살 집에 손님이 붐비기는 어렵습니다. 회를 점심부터 거하게 먹지는 않습니다. 그런 음식이 있긴 합니다. 저녁이 유독 강한 장어를 봐도 그렇습니다. 열에 아홉은 점심에 손님이 없습니다. 그런데 한두 집은 점심에도 버글거립니다. 저녁은 물론이고 점심에도 장어로 줄 세우는 집들은 장어 외에 다른 건 팔지 않습니다. 장어 한 가지를 팔면서 그 점을 부각시킬 줄 압니다. 장어에 특별한 반찬, 장어 위에 특별한 구성으로 내줍니다. 장어구이에 파김치가 독특해서 줄 세우는 인천의 장어 집도 이미 노포가 된 지 오래입니다. 그렇게 전념해야 하지만, 실탄이 부족하고 내공도 부족하고 그 정도 특출난 음식 솜씨가 없다면 어쩔 수 없이 일단은 점심을 포기하고 저녁에만 집중하는 것도 그다지 나쁜 결정은 아닙니다. 나름의 이득도 있습니다. 저녁에만 문 여는 식당이라는 타이틀과 함께 인건비 절감, 주인의 노동력 감소, 그로 인한 저녁의 전투력 상승도 이득이기 때문입니다.

1마리를 온전히 내주는 닭볶음탕이 저렴한 25,000원이라고 경쟁력이 있는 건 아닙니다. 노포가 그 가격에 판다면 모를까, 지명도 없는 식당이 1마리 25,000원이라고 경쟁력이 생기는 게 아닙니다. 이유는 무수히 많은 식당들이 그렇게 팔기 때문입니다. 내 생각엔 싼거 같지만 변별력이 없습니다. 차별화되지 못하니 접근성이 좋은 곳만 손님이 가고, 규모가 크거나 시설이 좋은 곳에만 손님이 몰립니다. 혹은 체인점이라 익숙한 집에 가서 먹습니다. 닭볶음탕으로 유명한 남대문 ○○식당 체인도 가격이 싸니 당연히 손님들이 그곳에 이끌려 갑니다. 그런데 내 식당이 체인점 ○○이 아니라면 어떡해야 하나요? 손님이 오지 않아도 어쩔 수 없는 일이라고 자포자기해야 하나요? 닭볶음탕 외에 다른 메뉴를 넣어서 어떻게든 버텨야 할까요?

◆ ◇ ◆

○○○에서 찜닭 집을 하고 있다는 곳에서 연락이 왔습니다. 테이

블이 6개였는데, 찜닭 小자를 16,000원에 팔고 있었습니다. 처음에는 2만원에 팔았답니다. 1마리를 다 넣어주고도 그렇게 받았답니다. 그런데도 손님이 안 오더랍니다. 그래서 값을 더 낮추고 닭은 반 마리를 주었답니다. 小자, 中자를 포함해 하루에 10개쯤 팔리는데 그것도 대부분 배달이라고 합니다. 닭 반 마리라면 6호짜리 삼계탕 1마리 크기와 같은 양입니다. 그 적은 양에 원가가 6,000원이나 들어간다고 했는데, 내용물이나 반찬을 보면 안쓰럽기 그지없었습니다. 그래서 극강의 처방을 내릴 수밖에 없었습니다. 16,000원에 1마리를 줘라. 2만원에는 손님이 오지 않았으니 그냥 16,000원에 1마리를 줘라.

그렇게 주면 원가는 50% 정도 됩니다. 10호 닭을 쓰고, 반찬을 포기하면 손님도 가격 대비 먹을 만하고, 식당 입장에서도 지금 반 마리일 때보다 더 팔린다면 손해가 아닙니다. 원가 50% 들어가는 찜닭을 현재보다 3~4배 더 팔겠다는 각오가 필요했습니다. 그 식당이 제 조언대로 했는지는 알 길이 없습니다. 다만 여기서 하고 싶은 말은 1마리를 주면서 제값인 2만원에 팔리길 기다렸어야 했다는 점입니다. 그 고비에서 쉽게 무너져 극강의 처방만이 해결책인 상황을 초래한 겁니다. 급하게 손님을 끌어들이려고 가격을 내렸고, 그 가격에 식당도 남겨야 하니 반찬이라고 부르기도 뭣한 것을 내주고, 닭 반 마리에 16,000원을 받았습니다. 손님들이 그걸 사 먹을 거라고 생각했으니 식당은 지옥이 현실이 된 겁니다.

제가 포장해 온 식당도 별반 다를 거 없었습니다. 小자 18,000원에 반 마리는 아무런 희망이 없는 닭볶음탕일 뿐입니다. 25,000원에 1마리라고 다르지 않습니다. 원가 4,000원짜리 10호 닭 1마리에 특별할 것 없는 반찬이 전부라면 그 역시 희망이 없긴 마찬가지입니다. 1마리에 반 마리를 더 넣은 35,000원도, 닭 반 마리 원가는 2,000원(양념 포함 3,000원)인데 만원이나 더 받았으니 손님들에게 끌리는 가격이 분명 못 됩니다. 10호 닭 1마리 반을 주었지만, 손님은 이득이라는 생각이 전혀 들지 않습니다. 저 역시 포장한 1마리 반의 양에 만족할 수 없었습니다.

제가 만든 닭볶음탕은 38,000원을 받습니다. 닭도 1마리 반을 넣어줍니다. 그런데 우리는 13호 큰 닭을 씁니다. 그리고 우리는 묵은지를 넣어줍니다. 닭값만큼 비싼 국내산 묵은지를 듬뿍 넣은 가격이 38,000원입니다. 묵은지에 큰 닭 1마리 반을 주고서 38,000원이라서 손님들이 매력을 느낍니다. 小中大 구분도 없습니다. 둘은 많겠지만, 넷도 먹을 만하니 딴지를 걸 이유가 없습니다. 둘일 때는 배부

름을 각오하고, 넷일 땐 저렴한 가격이라 마음 편하게 주문합니다.
닭이 가득이고, 묵은지가 절반쯤 됩니다. 그만큼 먹을 게 많고, 웬만
한 김치찜보다 나은 음식을 파니까 손님이 줄을 섭니다.

◆ ◇ ◆

小中大로 팔겠다는 건 주인 마음대로 선택해도 좋습니다. 그런데
小자를 오직 2인분으로 겨냥해서 싸게 매기는 것은 피해야 합니다.
小자가 너무 싸면 中자와 大자도 싸질 수밖에 없습니다. 가격 차등
에도 일정한 규칙이 있기 때문입니다. 다음 1번처럼 小자에 비해 大자
가 곱절이라면 大자는 잘 팔리지 않습니다. 여기서 가격 차등에 대한

이해를 한번 돕겠습니다. 물론 24년 차 컨설턴트의 시각이니 실제 장사를 20년 해봤는데 그건 아니라고 생각되면 넘겨도 그만입니다. 하지만 제 24년을 믿으신다면 꽤 특별한 경험을 하게 될 겁니다.

1. 小 18,000원, 中 25,000원, 大 35,000원

2. 小 28,000원, 中 38,000원, 大 48,000원

3. 小 30,000원, 中 35,000원, 大 40,000원

4. 小 30,000원, 中 35,000원, 大 45,000원(혹은 50,000원)

5. 小中大 없이 38,000원(반 마리 추가 시 +5,000원)

1번으로 팔면 大자는 거의 팔리지 않습니다. 小와 中의 가격 차보다 中과 大의 가격 차이가 크기 때문입니다. 특히 小와 大의 차이를 잘 계산하면 小도 엉터리 가격입니다. 반 마리와 1마리 반의 차이가 17,000원이라면 1마리 값이 17,000원이라는 뜻입니다. 그런데 반 마리 小자가 그보다 비싼 18,000원이니 小자마저 터무니없이 비싸다는 게 들통납니다. 그렇게 小자의 가격이 못마땅하니 中자를 먹으면서도 어딘가 찜찜합니다. 小자의 싼 가격이 中자와 大자에 대한 신뢰까지 다 뭉개버렸습니다.

2번으로 팔면 인원수 주문이 됩니다. 은근히 인원수 주문을 강요합니다. 하지만 머리 쓸 거 없는 편한(?) 메뉴판이기도 합니다. 큰 불만도 없고, 큰 매력도 없습니다. 무색무취인 메뉴판입니다.

3번으로 팔면 小자가 강해집니다. 中자와 大자까지 별 차이 없기에 大자도 강해집니다. 출발이 높으니 小를 시키든 大를 시키든 식당도 별 불편이 없습니다. 오히려 中자 주문이 제일 적습니다. 그래서 손님이 많은 식당일수록 3번 메뉴판을 선호합니다. 小자가 다른 곳 大자와 가격과 비슷할 때도 3번은 좋은 가격 차등이 됩니다. 때로는 大자를 中자와 가격을 좁혀 38,000원을 매겨서 中자는 아예 주문하지 않도록 유도하는 곳도 있습니다.

그에 반해 4번은 고수의 셈이 숨겨져 있습니다. 이런 형식의 메뉴판은 中자를 집중해서 팔기 위함입니다. 小자를 먹기에는 中자가 별 차이 나지 않으니 만만해 보이고, 大자와는 차이가 커서 中자가 가장 안심하고 시킬 만한 가격이 됩니다. 그 안전한 선택을 하게끔 일부러 만든 가격대 구분이 4번입니다.

5번은 아주 예외적인 가격대입니다. 그럴만한 스토리가 있고, 그래도 되는 원가일 때나 적용합니다. 모든 小中大 메뉴가 따라 한들 아무 효과 없는 가격입니다. 그만한 가성비, 매력, 이타의 마음이 담긴 음식을 파는 식당이나 해봄직한 가격대라는 것만 알면 됩니다. 제 손길이 닿지 않는 상황이라면 4번이 가장 해볼 만한 가격대입니다.

결론은 거듭 말하지만, 小자가 너무 싸면 大자는 팔리지 않는다는 겁니다. 그걸 명심해야 합니다. 잊어서는 안 됩니다. 원가가 낮은 닭이 아니더라도, 싸게 팔면 제대로 줄 수 없습니다. 당연히 손님은 만족이 없습니다. 손님에게 점점 잊혀져가는 식당이 될 뿐입니다.

◆ ◇ ◆

5번 메뉴판을 따지는 분이 계실 수 있어서 자세하게 설명해 드릴까 합니다. 제가 만든 '어쩌다 토종닭'은 13호 닭 2마리에 43,000원(38,000원 한 가지 가격에 5,000원을 보태면 반 마리라는 이득을 손님이 챙김)이 됩니다. 제가 포장해 온 식당은 10호 닭 1마리에 25,000원이니까, 2마리를 팔면 50,000원의 매출이 발생합니다. 닭도 작고, 묵은지도 안 주고 5만원 매출이 올랐으니 포장 식당이 더 많이 남습니다. 그 셈으로만 보자면 제가 만든 식당이 더 싸서 박리다매로 판다고 우길 수도 있을 겁니다.

하지만 작은 닭으로, 묵은지도 없는 닭볶음탕을 2마리나 팔기 쉬울까요? 그렇게 만든 25,000원짜리를 2마리(2번) 팔기 쉬울까요? 2마리는 고사하고 1마리 中자도 많이 팔리지 않습니다. 그 정도는 아무런 매력이 없기 때문입니다. 어떤 식당에 가도 1마리 닭볶음탕은 그 정도 가격이면 먹을 수 있는데, 굳이 전문점(?)이라고 거기를 가야 할까요? 매력도, 특색도, 이득도 없는데 말이죠. 계산상으로 2마리가 팔린다면 그 식당이 더 번다고 생각될 뿐이지, 실제로는 1마리를 팔기도 버거우니 장사가 힘겹기만 한 겁니다.

장사는 머릿속 셈이 아니라, 마음의 셈으로 해야 손님을 잡을 수 있습니다. 38,000원에 큰 닭 13호를 1마리 반이나 줍니다. 더구나 묵은지도 듬뿍 넣어줍니다. 그것만도 감사한데 5,000원만 더 보태면 큰 닭 반 마리(원가로 하면 2,400원 정도, 반 마리에 들어가는 양념값과 고명값 포함하면 3,500원 정도)를 보태서 2마리를 주는 겁니다. 추가해 준 것에 대한 선물입니다. 많이 드시겠다고 손 내밀어 주셔서 식당이 이득을 포기하고 서비스하는 셈입니다. 장사에서는 산수를 마음으로 해야 합니다. 1+1이 2여서는 안 됩니다. 1+1은 3이 되는 +1(식당 이익만큼 양보)을 기꺼이 보태야 합니다.

5 _ 망하는 식당은
이것부터 합니다

홀에서 먹으면 자장면이 5,000원이라고 합니다. 도대체 왜 그래야 하는지 모르겠습니다. 그렇게까지 자기 음식에 자신이 없는 걸까요? 그 자신 없음이 5,000원으로 해갈된다고 믿는 걸까요? 홀에서 5,000원에 먹으면, 배달로는 7,000원이라도 시킨다는 건가요? 정말 한없이 마음이 불편합니다.

◆ ◇ ◆

망하는 식당들이 제일 먼저 하는 것이 2가지가 있습니다. 순서가 뒤바뀌기도 합니다만 대체로 매출이 오르지 않으면 메뉴를 추가합니다. 팔지 않았던 메뉴를 기어이 집어넣습니다. 안 파는 그거 때문에 손님이 오지 않는다고 여기고 그런 메뉴를 추가합니다. 그런데도 매출에 변화가 없으면 그때부터 가격을 손봅니다. 가격을 내려서라도 버텨내려고 합니다. 8,000원에 팔던 김치찌개를 6,000원에 팔고, 6,000원에 팔던 칼국수를 4,800원에 판다고 현수막을 내겁니다.

실제로 옆 동네에 대형 주차장을 보유한 대형 고깃집이 칼국수 집으로 바뀌었는데 여름에 오픈하고 가을에 현수막을 내걸었습니다. 겨우 6,000원짜리 칼국수를 참 고맙게도(?) 할인해 준다는 내용이었습니다. 첫 현수막으로 10월 말까지 행사를 하더니, 재미가 있었는지 아니면 그마저 효과가 없었는지 11월 말까지 연장한다고 고친 현수막을 내걸었습니다. 작년 11월에 본 현수막을 올 6월에도 볼 수 있었습니다. 지금은 가격을 7,000원으로 올리고 5,900원에 판다고 현수막을 내걸었습니다. 어차피 저는 가볼 마음이 없으니 현수막 구경만 합니다. 싸니까 갈 만큼 가난하지도 궁금하지도 않으니까요.

가격을 깎으면 지금까지의 가격은 거짓이 됩니다. 그러면 지금까지 거짓 가격을 낸 손님들은 기분이 나쁠 테니 그 이유만으로도 그 집을 외면하게 됩니다. 깎아준 가격이 진짜 가격이라고 생각하는 겁니다. 물론 가격 할인을 이벤트라고 말하는 것도, 먹고 살려고 한 수단이라고 말하는 것도 이해는 됩니다. 식당 입장에서는 6,000원짜리 칼국수를 4,800원에 팔아도 손해는 아닙니다. 해물이 들어간 것도 아니고, 닭 반 마리가 올라간 것도 아니니 원가는 잘해야 1,500원쯤일 테니까요. 그저 6,000원 받을 때보다 주인이 덜 남을 뿐입니다. 많이 팔려도 재미가 덜할 뿐입니다. 그럼에도 그렇게 하는 이유는 '가게를 알리기 위해서'입니다. 가게를 알리는 홍보비로 투자하는 거라고 주인은 말합니다. 그런데 주인은 하나만 알고, 둘은 모릅니다. 싸게 먹은 손님은 다음에 돈을 더 내고 먹으려 하지 않는다는 겁니다. 1,200원 차이인데 그럴 리 없다고 생각하겠지만, 손님은 4,800원에 먹은 가격이 제값이라고 믿습니다. 그래도 남으니까 판 거라고 믿으니 더 내고 먹을 바에야 항상 6,000원에 파는 집을 가려고 합니다. 한때 쿠팡에서 식당 할인 쿠폰을 팔았습니다. 식당은 홍보 차원에서 뛰어들었지만, 100에 95개쯤은 그때만 팔렸습니다. 쿠폰 할인이 끝나면 귀신같이 오지 않았습니다. 원래대로 한가해졌습니다. 큰 손실을 감수하고 크게 할인했지만 재방문 효과는 누리지 못했습니다. 그조차 많이 할인해야 겨우 그때만 팔렸고, 식당의 손실은 그만큼 커져만 갔습니다.

◆ ◇ ◆

손님들은 "6,000원짜리 칼국수를 4,800원에 먹었다! 와 좋다!"라고 좋아하지 않습니다.

"6,000원짜리 칼국수가 그렇게 푸짐한 건 처음 봤어. 8,000원짜리라고 해도 또 가서 먹고 싶을 지경이야."

손님이 이렇게 말하게끔 하는 게 어려울까요? 쉽습니다. 6,000원에서 깎아주려던 1,200원을 재료비로 쓰면 됩니다. 그러면 원가 1,500원에 1,200원을 보태서 2,700원이 원가로 들어간 6,000원짜리 칼국수를 만들 수 있습니다. 무려 원가율이 45%인 칼국수가 탄생하는 겁니다. 그럼 왜 식당 주인들은 이 쉬운 방법을 도전하지 않는 걸까요?

첫째는 몰라서입니다. 그렇게 주는 방식을 몰라서 못 주는 겁니다. 그래서 진짜로 몰랐던 사람들은, 제 셈을 처음 보고 놀랍니다. 그리고 마음을 뺏깁니다. 해보겠다고 합니다. 그냥 앉아서 망하느니 그렇게라도 해보고 후회하지 않겠다고 합니다.

둘째는 어찌어찌 그런 방도를 알지만, 하기 싫은 겁니다. 깎아주는 건 일시적인 손해입니다. 4,800원으로 팔 때만 손해를 감수하면 된다고 믿어서입니다. 원가를 높이고 가격을 그대로 받으면 손님이 많아도 남는 게 겨우 55%라 손해라고 생각하기에 안 하는 겁니다. 앞에서 찜닭 집 사례를 보여드렸습니다. 16,000원에 반 마리 주던 것을 1마리를 주라고 한 제 클리닉이 싫은 겁니다. 반 마리를 16,000원에도 먹지 않는다면 차라리 양을 더 주라는 극강의 처방전이 아직은 내 일(현실)처럼 느껴지지 않습니다. 이 칼국수 집은 아마 이 책을 보더라도 절대 원가 2,700원어치를 넣어서 6,000원에 팔지 않을 겁니다. 맞습니다. 6,000원에 그렇게 남아서는 재미가 없으니 저 또한 권하지 않습니다. 찜닭 집처럼 극강의 처방은 필요하지 않습니다. 대형 주차장에 멋진 시설까지 갖췄으니 그저 1,000원만 올리면 됩니다. 그럼 해결됩니다.

◆ ◇ ◆

살기 위해서라면 깎아주는 것보다 재료비를 원가에 더 쓰는 게 식당도 떳떳하고 손님도 감탄사를 날립니다. 그런데 그렇게 주면 칼국수 원가가 45%로 너무 높아집니다. 그래서 그 셈을 알고서도 주저하게 됩니다. 그렇다면 간단합니다. 가격을 올리면 됩니다. 6,000원에서 7,000원으로 올리는 겁니다. 그러면 원가 2,700원은 45%에서 39% 정도로 떨어집니다. 손님도 6,000원에 원가 1,500원짜리를 먹느니, 1,000원 더 주고 원가가 2배쯤 들어간 칼국수를 찾을 겁니다. 그렇게 믿고 장사해야 하는 겁니다. 그래서 저는 항상 컨설팅을 할 때 가격을 더 올릴 각오가 되어 있는지 물어봅니다. 식당이 무조건 양보하라고 할 수 없는 없기 때문입니다. 장사의 셈도 모르고 싸게 판 죗값을 치르라고 찜닭 집처럼 16,000원에 1마리를 주라는 말을 저라고 하고 싶었을까요? 저도 싫습니다. 그래서 가격을 올리자고 하는 겁니다. 당장은 손님이 떨어져도 나중을 위해 더 받아야 한다고 하는 겁니다.

6,000원에 원가 1,500원(25%)을 쓰고 100개를 팔았습니다. 45만 원이 남았습니다.

7,000원에 원가 2,700원(38.5%)을 쓰고 100개를 팔았습니다. 43만 원이 남았습니다.

　1,000원을 올렸더니 큰 차이가 없습니다. 원가율은 무려 25%에서 38.5%로 크게 올랐지만, 실제 수익은 2만원밖에 차이 나지 않습니다. 신기합니다. 차이가 그 정도뿐이라는 사실이···. 당연히 장사는 여기까지 계산해야 합니다. 그러면 원가를 더 투입하기가 그리 어려운 일이 아님을 이해할 겁니다.

　6,000원짜리 칼국수에 원가 25%는 남들도 다하고 있으니 경쟁력은 점점 떨어집니다. 그에 반해 38.5%의 원가로 만드는 칼국수는 손님이 점점 더 늘어날 것이 분명하다는 사실입니다. 이것이 바로 가격을 올리고, 원가도 높여야 하는 이유입니다.

◆ ◇ ◆

　대형 주차장을 가졌습니다. 식당 규모도 대형입니다. 그렇다면 애초에 칼국수 가격을 더 받았어도 됩니다. 사람들은 눈에 보이는 규모에 흔들리는 것도 사실입니다. 이 정도 큰 규모의 식당을 차리는 데 돈도 많이 들었을 테니 조금 더 비싸도 이해하는 편입니다. 물론 많이 비싸서는 안 됩니다. 조금만, 손님이 수긍할 정도로만 더 받아야 합니다. 짬뽕은 이제 8,000~9,000원이 흔하고, 거기에 삼선이라는 이름이 붙으면 만원이 넘어도 먹습니다. 칼국수도 그렇게 만드는 겁니다. 원가를 1,500원이 아니라 2,700원을 들여서 거기에 걸맞은 칼국수를 만들면 됩니다. 그 원가가 꼭 칼국수 안에 담겨야만 하는 것도 아닙니다. 칼국수에 곁들이는 무언가를 내놓아도 좋고, 끝내주는 김치를 만들어도 됩니다. 처음부터 칼국수 상차림을 그렇게 제대로 만들어 8,000원 혹은 9,000원을 받았으면 행사 현수막 따위를 붙일 일은 전혀 없었을 겁니다. 인근까지 금세 소문이 났을 겁니다.

"가든도 아닌데 동네에 주차장이 엄청 넓은 식당이 생겼어. 그런데 칼국수를 판다네. 우리도 한 번 가보자고. 외식으로 칼국수쯤이야. 그런데 더 놀라운 건 칼국수 가성비가 엄청나데. 가보면 놀란다니까 직접 가보자고."

이렇게 출발해야 살아남을 수 있습니다. 그만큼 식당 자영업은 무서운 거라고 겁을 내야 합니다. 만만히 봐서는 안 됩니다. 그런데 맛창 식당은 거기에 더해 한 가지만 파니까 소문이 더 멀리 갑니다.

"더 놀라운 사실은 칼국수 딱 한 가지만 판다는 거야."

6 _ 짬뽕은 팔지 않아요.
그냥 드려요

　짬뽕 집을 차려서 이겨 낼 수 있을까요? 지금처럼 짬뽕 춘추전국 시대에 말이죠. 여간한 솜씨가 아니고서는 짬뽕 집으로 쉽지 않을 겁니다. 이미 기라성 같은 짬뽕 집에 체인점도 수두룩하니 짬뽕은 참 어려운 창업 아이템 중 하나라는 것을 일반인들도 이미 다 알고 있을 겁니다.

　횟집에서 일하던 사람들이 횟집을 차려서 망합니다. 그 어려운 횟집 일에 능숙한데도 말입니다. 고기를 손질하는 전문가(정육사)가 차린 고깃집도 쉽게 망합니다. 김치 명인이 만든 식당이라고 다르지 않습니다. 식당 컨설턴트가 차린 식당이 성공하는 것도 하늘에 별 따기만큼 어렵습니다. 그렇게 음식 전문가가 차릴수록 식당 경영은 한없이 어렵기만 합니다.

짬뽕을 만들 줄 안다면 짬뽕 집을 차리는 것보다 짬뽕을 무기로 쓰는 식당을 만들어 보면 어떨까요? 회를 다룰 줄 안다면 횟집이 아니라 회를 경쟁력 있는 카드로 쓰는 겁니다. 고기를 다룰 줄 안다면 고깃집이 아니라 고기 반찬으로 매력적인 식당을 만드는 겁니다.

일단 그렇게 되면 경쟁자가 줄어듭니다. 짬뽕 집, 횟집, 고깃집과 싸우지 않아도 되니 실패할 확률이 적은 겁니다. 실패할 확률이 줄어드니까, 살아남을 여지가 커지고 잘하면 성공까지 바라볼 수 있습니다. 그럼 어떤 식으로 그 재주를 쓰면 될까요? 그 비밀은 과연 무엇일까요?

◆ ◇ ◆

서울 문정동에 흔해 보이는 중국집을 소개받아 들렀습니다. 동네 골목길에 있는 평범한 식당(30평 규모 정도)인데 손님이 참 많았습니다. 손님들 대부분은 짜장밥과 짬뽕을, 그것도 1인당 2개씩을 먹고 있었습니다. 도대체 이게 무슨 광경인가 살펴보니, 짜장밥을 시키면 면이 없는 짬뽕 국물을 주는 집이었습니다. 그렇다고 짜장밥이 비싸지도 않았습니다. 겨우 7,000원이었습니다. 그런데 짬뽕 국물은 공깃밥 그릇이 아니라 커다란 짬뽕 그릇에 담겨져 있고, 건더기 없는 국물이 아니라 건더기가 듬뿍 들어간 것이었습니다. 충격이었습니다. 7,000원에 이렇게 줄 수 있을까 싶었습니다. 다만 밥은 볶지 않고 흰 쌀밥 그대로에, 엄청나게 두툼한 달걀을 덮었습니다. 그리고 짜장을 따로 내줬습니다. 그래서 냉정하게 원가를 따지면 7,000원은 좀 과하다고 생각할 수 있습니다. 그걸 아마도 주인장이 짬뽕 국물로 풀어낸 듯했습니다.

그 속사정이야 어떻든 간에 저는 개인적으로 엄청 즐거운 시간이었습니다. 음식 맛을 떠나 7,000원에 이렇게 내주고, 이 평범한 동네 골목길에서 이처럼 많은 손님을 받는다는 사실이 너무 기분 좋았습니다.

'그래, 장사는 이렇게 하는 거지. 손님이 즐거우면 이렇게 찾아온다니까.'

물론 그 중국집은 짬뽕도 팝니다. 그러나 저에겐 짜장밥에 주는 짬뽕 국물만 눈에 들어왔습니다. 장사의 개념만 건져내고 싶었습니다.

저에게 맛있는 레시피는 큰 울림이 없습니다. 음식은 아무리 맛있어도 먹는 사람의 기분에 따라 좌우된다는 신조(?) 때문입니다. 그래서 짜장밥이 맛있었는지, 짬뽕 국물이 맛있었는지는 중요하지 않습니다.

◆ ◇ ◆

장사는 그런 겁니다. 무기를 어떻게 쓰느냐에 따라 강력해지기도 하고, 평범해지기도 합니다. 오래전이긴 하지만, 지금도 있는지는 모르겠지만 천안의 한우 집에서 회를 반찬으로 주었습니다. 그런데 회 솜씨가 예사롭지 않았습니다. 천안의 어떤 횟집은 거꾸로 회를 시키면 소고기를 반찬으로 주었습니다. 그 고기 역시 예사롭지 않았습니다. 두 집 모두 예약하지 않으면 자리 잡을 수 없을 만큼 번성하는 식당이었습니다. 물론 한정식 집도 회나 고기를 반찬으로 내줍니다. 그런데 솔직히 솜씨가 인상적이라고 할 수 없습니다. 왜냐하면 주방에 회 전문가, 고기 전문가가 따로 없기 때문입니다. 그래서 평균치를 넘나드는 정도가 일반적입니다. 그에 반해 천안의 두 식당은 남달랐습니다. 주방의 솜씨가 궁금할 정도로 탁월했습니다. 업종을 잘못 선택한 게 아닌가 싶을 정도로 훌륭했습니다.

회 전문가가 횟집을 차리지 않고 삼겹살 집을 차리는 겁니다. 흔한, 누구나 만만히 보고 덤비는 삼겹살 집을 차리는 겁니다. 그리고 반찬으로 생선회를 특화하는 겁니다. 가격은 당연히 더 비싸야 합니다. 1인분 17,000원도 기꺼이 달라고 하는 겁니다. 12,000원짜리 삼겹살 3인분이면 36,000원입니다. 그리고 특별할 거 없는 반찬과 먹어야 합니다. 17,000원짜리 비싼 삼겹살 2인분이면 34,000원입니다. 그런데 회를 반찬으로 먹는 겁니다. 어떤가요. 어디를 가실 건가요? 어디를 몰래 숨겨놓고 다니고 싶을까요?

생선회 전문가가 꼭 삼겹살 집을 하라는 말이 아닙니다. 마음을 열고 크게 읽어야 합니다. 장사는 단답형이 아닙니다. 질문이 객관식이어도, 주관식으로 풀 줄 알아야 장사라는 싸움에서 살아남을 수 있습니다. 살아 있는 생선을 잡던 솜씨로, 죽은 생선을 팔아도 됩니다. 아구찜, 동태탕도 좋습니다. 낙지볶음집도 좋습니다. 혹은 김치찌개, 쌈밥 전문점이라도 좋습니다. 뭘 해도 됩니다. 횟집만 아니면 됩니다. 제가 하고 싶은 말은 이겁니다. 회 전문가가 횟집을 차려서는 빛나기가 어렵다는 말을 하고 싶은 겁니다. 횟집을 차리면 횟집과 싸워야 하는데, 횟집은 어딜 가나 흔하고 많습니다. 그러니 이기는 것은 고사하고, 살아남을 확률조차 암담해지는 겁니다.

이기려면 비틀어라, 그 재주를 다른 데 써먹자, 이겁니다. 구두 수선공이 옷가게를 차리면 망합니다. 옷을 만들 줄 모르기 때문입니다. 그러나 식당은 다릅니다. 본인의 특출한 재주를 돈 받고 파는 음식이 아니라 그냥 주는 반찬으로 풀면 신나는 일이 생길 수 있습니다. 돈 받고 팔면 수많은 경쟁자와 싸워야 하지만, 그냥 주면(물론 그 값도 음식에 일부 포함되어 있습니다) 비교할 만한 식당이 없으니 독보적이 됩니다. 저는 그 상상이 현실이 될 때 경쟁력이 엄청나게 올라간다고 확신합니다.

바닷가 50개의 횟집에 51번째 횟집이 되지 말고, 회가 반찬으로 나오는 삼겹살 집(다시 한 번 말하지만 꼭 고깃집을 하라는 이야기가 아닙니다)을 최초로 선점하라는 겁니다. 그런 개념을 대입해서 손봐준 식당이 부산 기장의 죽집입니다. 하루 30만원도 힘겨워 허덕이던 횟집이 앞뒤를 바꾼 그 단순함에 0이 하나 더 붙는 식당이 되었습니다. 이처럼 생각을 바꾸면 놀라운 성공이 기다립니다. 그게 바로 방향입니다. 중요한 것은 속도가 아니라 방향이라고 하듯이, 식당도 방향에 따라 독보적이 될 수 있습니다.

7 _ 곱빼기도 보통과 같아요.
사람을 남겨요

중국집은 곱빼기가 1,000원 정도 더 비쌉니다. 냉면, 막국수는 2,000원쯤 더 비쌉니다. 혹은 추가 사리를 별도 가격으로 적어두고, 곱빼기보다 더 가격을 매기기도 합니다. 손님이 많은 식당일수록 곱빼기로는 팔지 않고 사리를 추가하게끔 합니다. 식당의 좋지 않은 버릇입니다. 손님은 결코 기분 좋게 사리를 추가한 것이 아닙니다. 곱빼기는 안 팔고, 그렇게 파니까 마지못해 그걸 주문한 것임을 알아야 합니다. 식당은 손님의 만족이 우선입니다. 그런 장사여야 합니다. 이익은 손님의 만족으로 저절로 얻어지는 덤, 선물 같은 것이어야 그 식당의 미래가 단단합니다. 식당을 고치는 건, 식당의 이기적인 습관, 주인의 욕심이 앞선 생각을 바꾸는 데 의미가 있습니다.

◆ ◇ ◆

짜장면, 짬뽕의 면을 30%쯤 더 넣고 곱빼기라고 합니다. 면의 원가가 얼마인지는 따지지 않겠습니다. 직접 면을 뽑는 중국집이라면 원가 또한 얼마나 절약인지도 설명하지 않겠습니다. 그래서 곱빼기 값 1,000원을 더 받으면 얼마가 남는지도 넘기겠습니다. 곱빼기 값을 챙기면 결코 적은 액수는 아닐 겁니다. 한 달 모이면 한 사람 인건비만큼 남을 수도 있으니 적지 않은 돈입니다. 그런데 중요한 사실은, 곱빼기가 많이 팔렸을 때의 결과물이라는 겁니다. 곱빼기는 고사하고 보통도 제대로 팔리지 않으니 그게 문제인 겁니다. 지금 제가 설명하고자 하는 것은, 식당의 나쁜 습관과 버릇, 태도를 고쳐서 손님들이 좋아하는 식당을 만들자는 겁니다.

이해하기 쉽게 곱빼기 1,000원을 더 받으면 1,000원이 고스란히 다 남는다고 해봅시다. 보통이 하루에 100개 팔리고, 곱빼기가 하루에 30개 팔린다고 해봅시다. 1,000원씩 30개니 3만원을 더 남겼습니다. 한 달에 80만원쯤 더 번 셈입니다. 그런데 매일 보통이 100개, 곱빼기 포함해서 130개가 꾸준히 변함없이 팔리는가? 여기에 질문을 던져야 합니다. 등락이 크거나 판매량이 내리막이라면 곱빼기 1,000원을 더 받는 게 어떤 의미가 있는지 생각해 보자는 겁니다.

제가 만드는 식당은 보통과 곱빼기의 구분이 없습니다. 보통과 곱빼기의 구분이 없는 이유는 애초에 보통의 가격을 높였기 때문입니다. 남들이 보통은 6,000원, 곱빼기는 7,000원에 판다면, 우리는 짬뽕을 삼선짬뽕 급으로 만들어 9,000원을 받습니다. 그러니 곱빼기로 달라는 손님에게 면 반 주먹(원가로는 300~400원쯤)을 못 줄 리 없습니다. 그래서 남들이 6,000원짜리 100개를 팔 때 우리는 9,000원짜리를 최소 150개 팝니다.

곱빼기 값 1,000원을 더 받고 남기는 게 좋다면 그런 장사를 해야 합니다. 반대로 제 말뜻을 이해하고, 1,000원보다 사람(손님)을 남기는 장사를 한다면 그깟 1,000원은 아무것도 아닙니다. 곱빼기 팔아서 얻어낸 값으로 얻는 1,000원을 포기하고 단골을 늘린 홍보비로 썼다고 생각하면 정말 귀하고 값진 1,000원이 됩니다.

그런데 눈치 채셨나요? 제가 만드는 식당은 애초에 곱빼기 가격을 포함해서 보통 가격을 매긴다는 사실입니다. 8,000원을 받아도 되는 가격이라면 9,000원을 받습니다. 그리고 주인에게 마음 편히, 고민 없이 곱빼기도 보통 값으로 주라고 합니다. 마다할 이유가 없습니다. 일절 손해가 없기 때문입니다. 얼마든지 그렇게 줄 수 있습니다. 그 꼼수를 손님이 알아챌 거라고요? 글쎄요. 동의할 수 없습니다. 손님은 알 수 없습니다. 짜장면 값이 전국 6,000원으로 통일된 것도 아니고, 짬뽕도 홀에서 먹는 3,000원짜리부터 짬뽕, 홍합짬뽕, 해물짬뽕, 고기짬뽕, 삼선짬뽕, 사천짬뽕으로 다양하게 갈리는데, 어떻게 9,000원에 곱빼기 값 1,000원까지 포함되었다고 생각할까요? 모릅니다. 혹여 눈치로 때려잡아도 그만입니다. 그렇게 느꼈다면 그 손님은 다른 곳에서 곱빼기를 시키면 그만이니까요.

◆ ◇ ◆

1,000원이라는 가격은 외식업에서 재미있고 흥미로운 마술의 재료비가 됩니다. 판매업과 서비스업에서 1,000원은 말 그대로 1,000원짜리일 뿐입니다. 하지만 외식업은 다릅니다. 겨우 1,000원일 뿐인데, 그걸로 손님의 마음을 사로잡을 수 있습니다. 그 수단은 생각보다 꽤나 많습니다. 엄밀히 말하면 1,000원도 안 되는 원가로 손님

의 마음을 훔쳐 오는 작은 사례들이 이렇게 많습니다.

맛있게 먹을 때 공깃밥 하나 쓰윽 밀어주면 좋아합니다.

원가는 300~400원입니다.

계산하고 나가는 손님에게 500ml 생수 병 하나 건네줍니다.

원가는 200원쯤입니다.

보리강정을 쌓아두고 마음껏 먹으라고 합니다.

한 주먹 원가는 200~300원입니다.

질 좋은 막대 아이스크림 한 개씩 드시라고 합니다.

개당 300원쯤입니다.

라면 사리, 수제비 사리, 우동 사리를 달라고 하지 않아도 쓱 줍니다.

원가는 300~500원입니다.

음식 나오기 전에 부침개를 부쳐 먹으라고 합니다.

재료 값 100~200원입니다.

일회용 앞치마를 달라고 하기 전에 무조건 내줍니다.

개당 100원쯤입니다.

8 _ 혼자서 열심히 하고
있다고요?

 아파트 1층에 피자집이 있습니다. 배달을 전문으로 합니다. 홀에
는 테이블이 없고, 20대 청년이 주인입니다. 혼자서 열심히(?) 장사
를 합니다. 혼자 준비하고, 혼자 만들고, 혼자 정리하는 고생을 합니
다. 혼자 하는 장사라 개념도 없습니다. 15,000원 이상 피자를 포장
하면 5,000원 할인을 해주더군요. 오픈 두어 달은 그렇게 팔더니 이
후에는 17,000원에 3,000원 할인으로 바꿨습니다. 집에 손님이 와
서 제일 비싼 피자 두 판을 4만원에 주문했는데 할인은 3,000원만
해주더군요. 그래서 물었더니 "1회 주문에 3,000원"이라고 천연덕스

럽게 대꾸합니다. 피자 두 판을 따로 주문하면 어떡할 거냐고 묻지 않았습니다. 그냥 그날로 사먹지 않으면 되는데 굳이 말다툼으로 서로 기분 나쁠 이유가 없으니까요.

하루에 포장과 배달을 얼마나 하는지는 모르겠습니다. 본점이라는 간판도 붙이고, 가맹점 상담 전화도 따로 둘 만큼 그쪽으로는 공부를 좀 했나 봅니다. 자기처럼 혼자 일하는 가맹점을 타깃으로 하려는 모양입니다. 혼자 하는 장사로 한 달 벌이가 300~400만원이나 될지는 모르겠습니다. 오후 4시쯤 출근해 10시쯤 집에 가는데 그 정도로 일해서 미래가 단단할지 걱정입니다. 남의 집에서 하루 종일 눈치보며 200~300만원 버는 것보다 당연히 내 가게에서 주인으로 일해서 버는 300~400만원이 훨씬 큽니다(실제 그렇게 번다면 그나마 다행입니다). 하지만 혼자서는 능률도, 사회성도, 개선도 없습니다. 사람은 부딪히면서 성장하고, 남들과 함께할 때 더 큰 꿈도 꿉니다. 혼자서는 열심히 한들 상승보다 하강하기 쉽습니다. 의욕도 없고 재미도 없고 상실감이 더 클 수 있습니다. 20대의 300~400만원이 40~50대가 되어서도 300~400만원이라면 그 인생은 그저 먹고살기 위해 사는 일생일 뿐입니다.

◆ ◇ ◆

작은 치킨집이 있습니다. 1군은 아니고, 2군쯤 되는 브랜드 치킨입니다. 홀에 테이블이 4개쯤 있습니다. 주인은 여름에는 러닝셔츠 바람이고, 겨울엔 트레이닝복이 유니폼입니다. 혼자 일하니 그저 편하기만 하면 됩니다. 혼자 청소하려니 대충하게 되고, 혼자 주문받고 만들려니 레시피도 가끔 빠뜨립니다. 혼자 하다 보니 담배 하나 물고 해도 눈치 볼 거 없습니다. 그렇게 혼자만의 하루를 열심히 삽니다. 그렇게 하루 10만원쯤 벌면 잘 산 하루가 됩니다.

'인생 뭐 있어? 다 그런 거지. 그래도 남 밑에서 일하는 게 아니니까. 내가 사장이야. 눈치 안 보고 마음 편히 사는데 이만하면 된 거지, 안 그래?'

맞습니다. 은퇴하고 예순을 바라보는 나이에 여전히 치킨집을 하고 있고, 그래도 한 달 300만원 벌이는 되니 다행입니다. 일어나면 출근할 가게가 있고, 치킨 튀기는 기술도 있으니 앞으로도 먹고사는 건 두렵지 않습니다. 그런 점에서 보자면 참 다행인 인생이 맞습니다. 하지만 가족과 시간은 어떻게 보낼 건가요? 지금까지도 먹고사느라 열심히 일만 했는데, 60을 바라보는 나이에도 300만원을 벌기 위해 혼자 일하면 가족과는 언제 도란도란 시간을 보낼 수 있을까요? 앞으로 70이 되어서도 300만원은 벌 거라는 기대가 현실적으로 맞을까요?

◆ ◇ ◆

리어카 하나로 붕어빵을 팝니다. 1,000원에 3개입니다. 한 번에 구울 수 있는 붕어빵 틀은 12개이니 한 번에 4,000원어치 붕어빵을 구울 수 있습니다. 10번을 구우면 4만원어치입니다. 12개를 동시에 구울 때 최소 5~6분이니 1시간에 10번은 구울 수 있습니다. 길거리 노점이라 춥고 힘들어 6시간만 일합니다. 그런데 붕어빵으로 하루 10만원어치를 팔 수 있을까요? 붕어빵을 줄 서서 사 먹을까요?

◆ ◇ ◆

배달 피자집, 작은 치킨집, 붕어빵 노점을 비하하려는 것이 아닙니다. 열심히 사는 걸 감히 비꼴 수 없습니다. 열심히 사는 인생에는 박수를 보냅니다. 문제는 혼자서 하지 말라는 겁니다. 혼자서 인건비

따먹는 장사는 절대 해서는 안 된다는 겁니다. 그래서는 나아지는 것이 없다는 말을 하고 싶은 겁니다. 나아지는 것이 없는데도 어쩔 수 없어서 한다는 건, 바로 연명입니다. 사는 것도 아니고 죽은 것도 아닌 상태의 환자를 '연명하고 있다'고 합니다. 그 연명과 다를 바 없습니다. 남의 집에서 받는 200만원이 혼자 일해서 버는 300만원보다 낫습니다. 남의 집에서는 사람들과 어울리면서 버는 돈입니다. 사람들과 만나 함께 일하다 보면 새로운 기회도 생길 수 있고, 하루도 덜 힘들게 지나갑니다. 주인 혼자서 하는 장사는 도통 시간도 안 가고, 희망도 없습니다.

◆ ◇ ◆

코로나19 탓에 1인 자영업자가 늘었습니다. 어쩔 수 없이 인건비라도 건져야 하는 자영업자들의 형편은 심각할 정도로 어렵습니다. 그걸 모르지 않습니다. 그러나 그렇다고 장사가 인건비 건지는 게 목표가 되면 악순환의 늪에 빠집니다. 어쩔 수 없는 현실과 악순환의 늪은 아주 밀접한 관계가 있습니다. 어쩔 수 없다면 차라리 만세를 부르고 접는 게 낫습니다. 그리고 남의집살이를 하는 게 재기를 하는 데도 도움이 됩니다.

자영업 사장을 했던 경험을 가지고, 남의 집에서 열심히 일합니다. 내 가게처럼 일합니다. 손님들이 주인으로 착각할 정도로 열심히 일합니다. 그래서 매출이 오르는 데 일조를 하는 겁니다. 그러면 당연히 월급도 오를 테고, 더 큰 기회는 주인의 눈에 들고 신뢰를 얻는 겁니다. 그러면 주인이 새로운 식당을 하나 더 차릴 때 운영 권한을 줄 수도 있습니다. 반대로 주인이 현재의 가게를 본인에게 맡기고 새로운 식당으로 나갈 수도 있습니다. 남 밑이지만 사람과 섞인 탓입니다. 간단히 생각해도 남의 집이 낫습니다. 내 가게를 할 때보다 벌이는 줄었지만 마음고생은 비울 수 있습니다. 내 가게는 아니지만, 내 가게처럼 일할 기회가 생기는 겁니다. 내 가게보다 손님도 많고, 내 가게보다 규모도 크니 배울 것도 많습니다. 내가 마음만 먹으면 배울 것이 넘치니 월급 200만원에 절망할 필요가 없습니다. 번창하는 식당의 가장 큰 고민은 사람입니다. 좋은 사람, 능력 있는 사람입니다. 회사만 그런 인재가 필요한 것이 아니라, 식당도 그런 인재를 늘 찾고 있다는 것을 알아야 합니다.

조금 더 말을 보태면, 식당은 잘하는 사람이 유독 잘합니다. 장사가 체질도 아니거늘 해마다 식당을 하나씩 늘리는 사람들도 있습니다. 숫기도 없고, 음식을 잘 만드는 것도 아닌데 희한하게 손님을 줄 세우는 재주를 가진 식당들이 있습니다. 물론 선천적으로 잘하는 사람도 있고, 인생을 걸고 덤벼서 식당을 키우는 사람도 있습니다. 그렇게 키워서 식당을 2개 하는 사람은 3개, 4개도 합니다. 그때 가장 중요한 키포인트는 식당을 책임지고 맡길 사람이 있는가 여부입니다. 본인이 서너 곳을 뛸 수 없습니다. 그렇게 해서도 안 된다는 걸 잘 알고 있습니다. 그래서 좋은 사람이 있으면 식당을 더 내고, 그렇지 않으면 아예 식당을 내지 않습니다. 무리하지 않습니다. 무리하다 탈 난다는 것을 너무나 잘 알기 때문입니다.

청년들이 식당에서 꿈을 키워도 되는 이유가 바로 여기에 있습니다. 식당 월급이 좋은 회사 월급보다는 적습니다. 일도 육체노동이 대부분이니 당연히 더 힘듭니다. 대우도 회사보다는 덜한 게 사실입니다. 복지나 쉬는 날도 비교할 수 없습니다. 휴가도 없습니다. 하지만 기회가 있습니다. 회사에 다닌들 금세 임원 자리에 오를 수 없습니다. 하지만 식당은 가능합니다. 점장도, 사장 대행도 수년 만에 이룰 수 있습니다. 내 돈이 아니어도 식당을 경영할 수 있습니다. 점장이나 사장 대행으로 얻는 수입은 중소기업 임원 못지않을 수도 있습니다. 그것을 20대 후반이나 30대 초반에 이룰 수 있습니다. 그렇게 경험은 경험대로 쌓고서, 그 후 원한다면 독립을 하면 됩니다. 그렇게 자신과 같은 후계자를 키워서 더 큰 꿈을 실현할 수도 있습니다.

심지어 저는, 대기업 월급쟁이도 멋진 식당과 비교할 바 아니라고 생각합니다. 그저 그런 회사에서 일하는 게 목표라면 차라리 식당에 뛰어드는 청춘이었으면 합니다. 그 시장은 치열하지 않습니다. 거기서 뛰는 건 너무 쉽습니다. 카페는 청춘들이 많이 일하지만, 식당은 청년들을 보기 어렵습니다. 카페에서 멋진 유니폼을 입고, 또래 친구들과 일하는 것은 영화 속 세상입니다. 청춘이 커피 기술 자격증 하나로 살아갈 수 있을 만큼 세상은 만만하지 않습니다. 겉으로 보여지는 것을 포기하면, 식당 취업은 얼마든지 마음만 먹으면 할 수 있습니다. 그런데도 일할 곳이 없다고 합니다. 공무원 시험 준비를 하면서 35세가 된 조카를 보면 안쓰러움을 떠나 한심함이 앞섭니다. 공무원 되어 정년까지 그저 정해진 월급을 받는 것이 뭐 그리 대단하다고 거기에 십수 년 인생을 낭비하는지 쓸쓸합니다.

◆ ◇ ◆

그럼에도 불구하고 어쩔 수 없이 1인 자영업자가 되는 것을 선택한다면 마음을 단단히 먹어야 합니다. 혼자 일해서 300~400만원은 가져가야 가족이 먹고살 수 있습니다. 하루 12시간 넘게 일하면 어찌어찌 그 정도는 유지할 수 있습니다. 그렇게 몸을 내던져 일하니 먹는 나이에 더해 몸은 더 나빠집니다. 몸만 그런 것이 아닙니다. 혼자 우울하고, 혼자 삭이는 것을 되풀이하다 보면 마음은 점점 더 지쳐갑니다. 번아웃이 올 수도 있고, 희망 없는 하루에 우울증이 올 수도 있습니다. 그렇게 몸과 마음이 피폐해지는 상황에서는 300~400만원 벌이를 유지하기도 사실상 어렵습니다. 매출은 점점 줄어들 것이고, 당연히 수입도 줄어듭니다. 희망도 사라지고 기회도 오지 않습니다. 혼자 하는 식당의 결과는 이처럼 무섭습니다. 사람은 혼자 사는 동물이 아니라는 것을 다 잃고 나서야 깨닫게 됩니다.

9 _ 많이 남는데
즐겁지 않다고요?

일요일 낮에 아내와 아들과 함께 점심을 먹으러 갔습니다. 제법 크고 인테리어가 깔끔한 식당이었습니다. 우리는 오징어찌개를 시켰습니다. 정확한 메뉴 이름은 '오징어곤이탕'이었습니다. 왜 곤이가 들어가는지는 눈치로 때려잡았습니다. 오징어 양이 적으니 곤이로 채우려는 꼼수라는 걸 제가 왜 모를까요. 메뉴판에 小는 2만원, 中은 25,000원, 大는 3만원이라고 적혀 있었습니다. 우리는 평소에도 습관처럼 인원수보다 많이 시키는 가족입니다. 넉넉히 먹는 게 낫다고 생각하기 때문입니다. 대부분의 식당은 인원수대로 시켜도 양이 모자란다는 것을 저는 너무 잘 알고 있어서 셋이서 곤이탕 大자에, 공깃밥 2개를 시켰습니다. 국물은 大자답게 양이 많았습니다. 그러나 정작 우리가 먹고 싶었던 오징어는 양이 작아도 너무 작았습니다. 결국 오징어는 욕심쟁이 아들이 다 긁어가고 내 몫으로 좀 챙기자 아내는 오징어 없는 곤이탕을 먹어야 했습니다.

"어쩜 이걸 3만원이나 받을까?"

어떤 식당에 가든 늘 하는 흔한 일상의 푸념을 던지며 식사를 마쳤습니다. 알맹이 없음을 국물로 커버한 탕이라, 냄비에는 국물이 반이나 남았습니다. 아내는 "집앞 마트에 오징어 파니까, 거기서 오징어를 좀 사서 내가 제대로 끓여줄게요"라며 포장을 청했습니다.

아내는 마트에서 3마리에 16,000원 하는 큼직한 오징어를 사와 1마리 반을 큼직하게 썰어 넣었습니다. 오징어 자체가 크니 적당히 썰어도 식당의 오징어보다 컸습니다. 양이 충분하다 보니 우리뿐 아니라 아내도 오징어를 제대로 먹을 수 있었습니다.

그럼 마트에서 구입한 오징어를 기준으로 식당의 원가를 한 번 계산해 보겠습니다. 우리 세 식구가 먹기에 충분했던 1마리 반을 넣는다고 했을 때(3마리 16,000원에 구매했으니) 원가는 8,000원입니다. 거기에 양념, 육수, 반찬이 들어갑니다. 공깃밥은 별도이니 반찬을 포함해도 11,000원 정도면 될 것입니다.

그렇게 오징어를 먹을 만큼 양심적으로 넣어줘도 大자의 원가는 40%(3만원의 12,000원)가 채 되지 않습니다. 그런데 우리가 실제로 식당에서 먹었던 오징어는 크기 자체가 작았습니다. 생물의 크기가 작다는 건, 그만큼 싸다는 뜻입니다. 700~800g 광어와 3kg이 넘는 대광어는 kg당 가격이 틀립니다. 작을수록 쌉니다. 동태도 마찬가지고 꽝꽝 언 냉동 아구도 마찬가지입니다. 뭐든 큰 놈이 비쌉니다. 5미 장어가 맛있다고 하는 것도 장사꾼의 거짓말입니다. 장어도 큰 2미, 3미가 살밥이 많아서 더 맛있습니다. 그런데 비쌉니다. 많이 비싸다 보니 그보다 싼 5미 장어를 '장어구이로 먹을 때 식감이 더 좋은 크기'라고 말을 하는 겁니다.

마트에서 산 오징어가 3마리에 16,000원이었으니, 아마도 그 식당에서 주는 오징어는 3마리에 만원도 하지 않을 겁니다. 그만큼 크기가 작았습니다. 그럼 大자라 양심적으로 1마리 반을 넣어줬다고 쳐도 반찬을 포함한 원가는 만원은커녕 어쩌면 7,000~8,000원 정도일 수도 있다는 뜻입니다. 그걸 무려 3만원에 팔았습니다. 그것도 공깃밥은 별도로 말이죠.

◆ ◇ ◆

그 식당의 오징어찌개 상차림의 원가가 실제로 7,000~8,000원에 불과한지는 사실 모릅니다. 아닐 수 있습니다. 제 계산이 악의적으로 틀릴 수도 있습니다. 하지만 그게 중요한 게 아닙니다. 저는 대전으로 이사를 와서 그 식당을 알게 된 것이 3월이었고, 여름에 한 번 가고, 이번이 두 번째 방문이었습니다. 첫 방문에서 이미 같은 경험을 한 탓에 마음이 떠났던 겁니다. 또 가고 싶은 마음이 없었으니 집 근처에서 가장 번듯한 인테리어를 한 예쁜 식당이었는데도 가지 않았습니다. 음식 장사에서 많이 남느냐 적게 남느냐는 사실 아무런 의미가 없다는 이야기를 하고 싶은 겁니다. 식당이 많이 남기는데도 손님들이 만족해서 줄을 선다면야 금상첨화지만, 손님들은 바보가 아닙니다. 그래서 TV를 켜면 하루에도 수십 개씩 나오는 맛집들이 방송에 나왔다고 해서 인생 역전을 하지 못하는 겁니다. 가보니까 실상은 다르다는 것이죠. 방송으로 볼 때는 저리 주고 남는 게 있나 싶은 궁금증에 오랜 시간을 기다려서 먹어봤는데 실제로는 아니라는 것을 깨닫고 저주에 가까운 악플을 달기도 합니다.

"그럼 무조건 적게 남기고 팔아야 정답이냐?"고 물으실 겁니다. 백

161

종원 대표처럼 박리다매를 추구해야 살아남는 거냐고 묻고 싶을 겁니다. 제 답은 한결같습니다. 아닙니다. '박리'할 거 없습니다. 남들만큼 이익을 남기라고 합니다. 남들과 똑같은 이익을 남기면서도 줄서는 방법을 알려주는 것이 제 역할입니다. 이 책의 서두에서도 충분히 설명했습니다. 더 받으면 됩니다. 더 받으면 원가를 높여도 그전과 같은 이익이 남습니다. 2만원에 원가를 5,000원 쓰고 15,000원을 남기는 식당이었다면, 25,000원을 받고 원가에 만원을 쓰라는 겁니다. 그래도 남는 건 15,000원으로 똑같지만, 손님이 받는 음식의 가치는 2배가 됩니다. 그래서 만족하게 됩니다.

◆ ◇ ◆

그럼 오징어곤이탕을 판 이 식당은 어떻게 고치면 좋을까요? 大자 3만원을 35,000원으로 올려야 하나요? 아닙니다. 이 집은 가격을 고치는 게 아니라 주인의 마음을 고쳐야 합니다. 가격은 그대로 두고 원가 비중을 45%로 늘리는 겁니다. 大자에 마트에서 파는 오징어 크기만 한 재료를 써서 1마리 반을 넣어주는 겁니다. 그래서 大자를 팔면 16,000원쯤만 남기는 겁니다. 지금처럼 2만원 이상 남기는 방식은 쓰레기통에 버리자는 겁니다. 그래서 2인 손님도 大자를 시키게 하는 겁니다. 둘이 小자 2만원짜리가 아니라 大자 3만원짜리를 기꺼이 시키도록 원가를 늘리는 겁니다. 이것이 바로 이야기의 핵심입니다.

2인 손님에게 小자를 팔아서 15,000원이 남았다고 합시다. 손님은 그 정도 원가가 들어간 음식에 마음을 주지 않습니다. 그 정도로 경험치가 낮지는 않습니다. 대부분의 손님들은 식당 주인보다 1년에 몇십 배는 남의 식당을 경험하는 고수들이라는 점을 명심해야 합니다. 그런 고수들이라서 그 정도 음식에는 재방문을 하지 않습니다. 덕분에 식당은 매일 살얼음판을 걷는 조마조마한 마음에서 벗어나지 못합니다. 그런데 둘이서도 3만원짜리 오징어찌개를 거침없이 시킨다면 어떤가요? 넷도 먹고, 둘도 먹는 3만원짜리 오징어찌개라면 매일 전전긍긍할까요? 小자를 팔아서 남기는 크기와 大자를 팔아서 남기는 크기는 당연히 달라야 합니다. 애초에 방향을 잘 잡으면 다를 수 있습니다. 그런데 지금은 식당을 고치는 중입니다. 모든 걸 한 번에 다 고치는 것은 불가능합니다. 고칠 수 있는 것부터 하나씩 고치는 겁니다. 이 식당처럼 小中大 가격 차가 겨우 5,000원이라면 中자나 大자에서 원가를 조정해 小자는 아예 팔리지 않게끔 하는 것도 방법이 될 수 있습니다. 小자도 얼마든지 손을 댈 수 있지만, 2만원짜리의 가성비를 늘리는 것보다는 3만원짜리의 가성비를 늘리기가 훨씬 더 쉽습니다. 그 쉬운 것을 바꾸자는 겁니다.

◆ ◇ ◆

식당의 고루한 생각 중 하나가 '小자는 2인분'이라는 틀입니다. 이런 고정관념을 깨야 합니다. 왜 둘은 小자를 먹어야 하나요? 우리 부부처럼 다이어트로 공깃밥은 포기하고 中자를 시키는 사람도 있습니다. 얼마든지 둘이서 아구찜 大자를 가볍게 먹을 수 있습니다. 즐거운 상대와의 식사 시간을 푸짐하게 즐기지 못할 이유가 없습니다. 다만 大자를 시켜본들 큰 차이가 없으니 안 시키는 겁니다. 굳이 내 돈 버려가면서 그렇게 먹을 이유가 없으니 그냥 小자 시켜서 대충 먹고 말자고 하는 겁니다. 그처럼 식당이 먼저 잘못을 저질렀기에 손님이 小中大의 인원수를 버리지 않는 겁니다.

식당 스스로 小에서도 남기고, 中과 大에서도 정비례해 남기려고 하니 小를 둘이 먹어도 아쉽고, 大를 넷이 먹어도 아쉬운 겁니다. 그래서 매출이 좋아지지 않는 겁니다. 아픈 식당이 건강해지지 못하는 이유가 바로 이겁니다. 둘과 넷을 구분하지 말아야 합니다. 넷도 小자를 먹을 수 있고, 둘도 大자를 먹을 수 있다는 걸 전제로 음식을 내줘야 합니다. 어떤 걸 시켜도 속상하지 않는 지출이라는 것을 믿도록 신메뉴나 끝내주는 맛이 아니라 '주인의 생각'을 바꿔야 합니다.

10 _ 마케팅만 있고,
마음은 없어요

식당 마케팅을 열심히 공부합니다. 이런저런 마케팅 전략을 식당

경영에 대입하려고 합니다. 아무것도 안 하는 것보다는 좋지만, 마

케팅은 필수가 아니라 충분조건입니다. 마케팅이 없다고 식당이 안

되는 게 아닙니다. 마케팅이 충분하다고 손님이 줄을 서는 게 아닙

니다. 열 번에 한 번 공짜라는 마케팅 때문에 손님이 붐비는 건 아닙

니다. 마케팅은 개선의 시작일 뿐입니다. 마케팅을 알수록 다름에

관심을 갖기 시작하고, 관점의 변화를 도모할 수 있습니다. 그런 점

에서 마케팅은 알면 알수록 득이 되는 공부입니다. 문제는 마케팅이

만능이라고 착각하는 겁니다. 그것만 있으면 다른 것이 부족해도 상관없다는 어리석은 오판을 하는 것이 문제입니다.

◆ ◇ ◆

지방에서 서울까지 다니면서 마케팅을 공부한 철수 씨가 있습니다. 그는 밤잠을 줄이면서 장사와 공부를 병행했습니다. 그런데 식당은 도통 나아지는 것이 없었습니다. 분명 교수가 알려준 대로 실천했는데 손님들의 반응은 무덤덤했습니다. 그는 자신의 행동에 '진심'이 빠져 있다는 것을 깨우치지 못했습니다. 주고 싶어서 주는 서비스가 아니었습니다. 주라니까 주는 것이었습니다. 하고 싶어서가 아니라, 그렇게 하는 게 좋다니까 바꿨을 뿐입니다. 손님이 전혀 고맙지 않고, 식당 일이 전혀 즐겁지 않으니 형식적으로 마케팅을 적용하는 것 이상이 아니었습니다. 늦게 나온 음식에 미안한 마음을 담아서 음료수를 서비스한 것이 아니라, 마지못해 주니 손님도 고마워하지 않고 화를 가라앉히지도 않았다는 걸 본인만 몰랐습니다. 그저 장사엔 마케팅이 능사라는 생각으로 머리는 늘 차가우니 식당은 온기가 없었습니다. 정이 없었습니다.

이런 사람들에게 맛창식 셈을 알려주면 계산이 빠릅니다. 분명 좋아 보이지만, 손해가 먼저 걱정됩니다. 너무 많이 주면 내가 가져가는 몫이 적어진다고 곡해를 합니다. 손님이 느끼는 것보다 더 빨리 습관처럼 내 손실을 계산합니다. 그래서 하긴 해도 마지못해 합니다. 셋이 오면 小자를 권하지만 진심으로 강하게 권하지 않습니다. 얼굴에 싫은 기색을 내비치며 "小자 주문해도 뭐 괜찮아요"라고 합니다. 반찬도 여러 번 시키는 게 싫어서 맛있게 만들려고 하지 않습니다. 제가 끔찍이도 싫어하는 밀가루 어묵도 일부러 사서 씁니다. 손님이 보리강정 한 움큼 먹는 게 꼴 보기 싫어서 2개씩 접시에 담아줍니다. 그런 장사를 합니다. 맛창 식당의 성공을 보고도 말입니다.

◆ ◇ ◆

영희 씨는 마케팅은커녕 식당 공부 같은 건 해본 적도 없습니다. 엄마가 하던 식당이라 어쩌다 보니 맡게 되었습니다. 그래서 귀찮았고, 하루 빨리 그만둘 생각만 했습니다. 하지만 어느 날 이 식당 덕분에 자신이 컸고, 온 가족이 먹고살아왔음을 깨닫게 되었습니다. 알고 보니 너무 고마운 식당이었습니다. 그래서 찾아준 손님들에게 그 마음을 표현했습니다. 형식적인 인사가 아니라 손님의 이름을 외우려 했고, 손님이 어떤 걸 좋아하는지, 지난번에는 누구와 함께 왔었는지까지 기억하려고 노력했습니다. 손님에게 맞추려는 마음을 보여주기 위함이었습니다. 가끔 와도 고마움을 담았고, 자주 오면 어떤 식으로든 보답하려고 했습니다. 달라고 하기 전에 좋아하는 반찬을 듬뿍 담아 주었고, 다이어트한다는 이야기를 기억하고 쌀밥 대신 현미밥 햇반을 사두었다 내주었습니다. 부르기 전에 눈치껏 술병도 챙겨줬고, 주문 금액이 커지면 일부러 술병을 세지 않았습니다. 한두 병 술값이 빠진 계산서를 주면서 "제 서비스가 약소해서 죄송해요"라고 진심으로 깎아줬습니다. 그렇게 마음으로 손님을 맞았습니다. 그래서 손님들이 좋아했고, 손님들이 알아서 꼬리에 꼬리를 물고 손님을 데려왔습니다.

　이런 사람들에게 맛창식 셈은 보물이 됩니다. 그동안은 어떻게 줘야 더 기뻐할지를 몰라 투박하게 줬는데 그걸 제대로 고칠 수 있어서 신이 납니다. 나를 위함이 아니라 손님을 더 기쁘게 한다는 것을 몰라서 그동안 생색도 내지 못했는데, 이제는 생색을 내라니 훨씬 더 기쁩니다. 셋이 아니라 넷인 손님에게도 小자를 권할 만큼 마음이 앞섭니다. 보리강정 싫어하는 손님이 있을까 봐 아이스크림도 준비합니다. 복분자 한 병을 시키면 서비스 한 병을 더 기꺼이 내주기도 합니다. 그런 장사를 합니다. 옆에서 보고도 따라 하지 못할 만큼 마음을 파는 장사를 합니다.

11 _ 남의 걸 훔칠 땐
전문가를 찾으세요

우연히 방송을 봤습니다. 뭘 해도 풀리지 않는 삶에 지쳐서, 마지막이라는 마음으로 식당을 호구책으로 삼고자 개울가 근처에 창고처럼 사용하던 집을 빌려 알음알음 찾아오는 손님들에게 매운탕을 팔았다고 합니다. 가게를 번듯하게 고칠 돈이 없어서 매운탕 팔아 번 돈으로 원두막을 한 칸씩 늘려갔다고 합니다. 제대로 된 식당이 아닌데도 먼 곳까지 손님들이 찾아와 주는 게 고마워서, 뭔가 손님들에게 즐거운 식사 자리를 마련해 주고 싶어 솥뚜껑에 끓여 먹도록 연구했다는 그런 내용이었습니다.

공주에 동태탕 집을 만들 때, 주인이 매운탕수제비로 유명한 곳이 있다면서 함께 가보자고 했습니다. 너른 벌판에 허름한(?) 식당 하나가 덜렁 있어서 신기했습니다. 게다가 그 넓은 주차장이 금세 채워지는 광경은 정말 신묘할 지경이었습니다. 손님들은 대부분 사방이 트인 방갈로 혹은 원두막처럼 생긴 곳에 자리를 잡았습니다. 실내에도 테이블이 있었지만, 손님들은 원두막을 더 선호했습니다. 더워도 추워도 그 자리에서 먹기를 원했습니다. 원두막 하나마다 드럼통 불판이 있습니다. 그 위에는 커다란 솥뚜껑이 올려져 있습니다. 신기하게도 제가 수년 전에 방송에서 스쳐봤던 바로 그 집이었습니다. 커다란 솥뚜껑에 수제비를 넣어서 먹는 매운탕 1인분은 겨우 9,000원이었습니다. 매운탕이라 좋은 사람도 있고, 수제비라 좋은 사람도 있는 참 근사한 메뉴였습니다.

◆ ◇ ◆

대전 ○○산 가는 길에 매운탕수제비를 판다는 간판을 봤습니다.

반가운 마음에 문을 열었습니다. 식당을 근사하게 꾸며놓았더군요. 실내에 테이블마다 꽤나 공들인 수제 드럼통 불판도 놓여 있었습니다. 공주처럼 메뉴도 한 가지뿐이었고, 가격도 9,000원으로 같았습니다. 그런데 영 그 맛이 아니었습니다. 손님도 그다지 없어 보였습니다. 증거는 일하는 사람이 없었기 때문입니다. 매운탕의 구성은 별반 다르지 않았습니다. 그런데 가장 핵심인 수제비가 전혀 달랐습니다. 수제비를 먹는 맛이 있어야 하는데, 그걸 간과했습니다. 공주는 매운탕이 팔팔 끓을 때 주인과 직원이 차진 반죽을 직접 떼어 넣습니다. 그걸 보면 입에서 군침이 돌게 마련입니다. 신선한(?) 수제비가 익어가는 걸 보는 즐거움에 손님들은 그 먼 곳을 찾아갔던 겁니다. 그런데 대전의 식당은 냉동 수제비를 줬습니다. 이미 떼어놓은 수제비를 한 번에 던져 넣는 것입니다. 손님이 없으니 일손이 아깝고, 일손이 없으니 편리한 방법을 모색했던 겁니다.

'그래 미리 수제비를 다 떼어놓자. 그걸 냉동고에 얼려두자. 어차피 익으면 그 맛이 그 맛이니까.'

하지만 이미 눈으로 먹는 맛에서 실망을 줬습니다. 신선하고 차진 반죽을 떼어 먹는 맛이 사라진 수제비는 아무런 매력이 없었습니다. 그걸 모르고 베꼈습니다. 훔쳤습니다. 벤치마킹이라고 수고한 보람이 하나도 없는 겁니다. 심지어 생존을 걱정할 정도로 위태로운 매출을 확인하고 있는지도 모릅니다.

◆ ◇ ◆

공주의 매운탕 집과 대전의 매운탕수제비는 2가지가 달랐습니다. 야외에서 먹는 맛이라는 점, 그리고 수제비를 즉석에서 만들어 먹는다는 점입니다. 이게 핵심입니다. 바로 이것 때문에 한 집은 전국구 맛집이 되었고, 다른 집은 생존을 걱정하고 있습니다. 그래서 이 메뉴를 다른 곳에서 팔고 싶다면 이 2가지를 충족해야 합니다. 야외가 없는 실내에서는 이 매력이 없습니다. 야외라는 공간과 더불어 넉넉한 주차장도 갖춰야 합니다. 주차장이 적으면 차를 몰고 갈 수 없습니다. 차를 멀리 주차하고 걸어서 갈 정도로 손님들은 불편을 감수하지 않습니다. 그래서 1순위가 주차장, 2순위가 야외공간, 마지막 3순위 필수조건이 바로 즉석에서 떼어 넣는 수제비인 겁니다. 대전은 1, 2, 3순위를 충족하지 못했습니다. 공주에선 폭발적으로 터진 그 메뉴가 대전에서는 터지지 않았던 겁니다. 열심히 발품을 팔아 그 집 레시피를 찾아냈어도 결과는 놀랄 만큼 실망이었던 겁니다. 핵심을 모르고 그저 베낀 탓입니다. 훔쳐 온 탓입니다.

세상에 처음은 없습니다. 제가 만드는 식당도 어딘가에서 봤던 식당을 참고합니다. 대신 그 집만큼 정교하게 철저히 베끼거나, 더 낫게 치장하는 겁니다. 그러자면 그만한 직관이 있어야 하고, 객관적 판단이 필요합니다. 냉정해야 객관화할 수 있습니다. 그래서 전문가의 도움이 필요합니다. 혼자 힘으로는 이렇게 방향이 틀려집니다. 그 작은 차이가 식당의 성패를 좌우한다는 것을 알아야 합니다.

◆ ◇ ◆

오래전 부산에 동태탕을 차려줬는데 금세 망했습니다. 주인이 너무 어처구니없이 음식을 준비해서 저도 두 손 두 발을 다 들어야 했습니다. 주인은 자기가 좋아하는 맛이라고, 저도 모르게 무려 1,500만원이라는 거금을 주고 레시피를 샀습니다. 자신이 찜했던 식당의 주방장이 퇴근하기를 기다렸다 그 많은 돈을 덥석 주고 한밤중에 한번 배운 레시피로 오픈했습니다. 동태탕이라기보다 술안주 동태찌개에 가까웠습니다. 그걸로는 팔지 말라고 했지만 끝끝내 강행했습니다. 자기는 이 맛이 좋다면서 제 말을 따르지 않았습니다. 하루 매출이 20만원도 안 된다는 소식을 들었지만 돕고 싶지 않았습니다.

자신이 자초한 일이니 본인이 책임지는 것이 맞다고 생각했습니다.

나중에 제가 차린 동태탕 집에 사정한다는 소식을 들었습니다. 돈이

없다면서 50만원에 배울 수 없겠냐고 매달렸다는 후일담을 들었습

니다.

12 _ 볼품이 없으면
팔지 말아야 합니다

저는 골목길 작은 식당에 눈길이 끌립니다. 무슨 사연이 있길래 이 작은 골목에 이 작은 식당을 차렸을까 하는 궁금증 탓입니다. 대전 은행동 거리를 여기저기 걷다가 특히 끌리는 식당이 보였습니다. 황태탕을 파는 집이었습니다. 그 순간 20대 후반 무렵 여수에서 새벽에 회사 동료와 먹었던 생태탕이 떠올랐습니다. 친한 동료와 서울이 아닌 여수라는 먼 지역에서 밤새 술을 마시고 아침에 해장을 했기에, 사실 맛이 그처럼 머리에 기억할 만큼은 아니었을지도 모릅니다. 하여간 제 기억엔 정말 맛있었습니다. 특히 신선한 생태를 1마리

통째로 넣은 것이 화살처럼 기억에 박혀 있습니다. 토막이 아니라 통째로 1마리를 넣은 것은 처음 경험한 밥상이었기 때문입니다.

생태는 아니었지만 은행동 황태탕 집도 1마리를 통째로 넣었습니다. 그리고 겨우 8,000원을 받았습니다. 제 기억에 23년 전에도 생태라고 8,000원은 줬던 것 같은데 말이죠. 기분이 좋아서 반주 한 병과 황태구이를 추가했습니다. 그런데 너무 실망스러웠습니다. 9,000원짜리 구이는 볼품이 없었습니다. 딸랑 구이 하나 더 얹었을 뿐인데 9,000원이나 비싼 밥상이 되어버린 겁니다. 17,000원짜리 밥상이라기엔 너무 부실해 보였습니다. 도대체 이런 구이를 왜 파나 싶었습니다. 황태탕 1마리에서 생겼던 믿음이 한순간에 무너졌습니다. 그렇게 팔아서는 안 됩니다.

◆ ◇ ◆

인원수대로 주문하고 마는 식당이 있고, 인원수보다 더 많이 시키는 식당이 있습니다. 당연히 더 많이 주문해야 식당에 유리합니다. 식당만 좋은 게 아니라 손님도 좋습니다. 더 시키고 싶어서 시킨 겁니다. 식당이 강권해서 그런 것이 아니라 손님 마음이 내켜서 주문했으니 손님도 즐겁고 맛있는 식사가 됩니다.

혼자 들어간 식당인데 황태탕에 1마리가 통째 들어간 밥상을 보니 기분이 좋습니다. 그걸 8,000원에 먹을 수 있으니 고맙습니다. 그 고마움을 표현하고 싶고, 이 식당을 머잖아 다시 오기는 힘드니 그 자리에서 조금 더 맛있게 먹으려고 황태구이를 하나 더 시켰습니다. 그랬더니 주인이 "공깃밥도 더 드실 거냐?"고 묻길래 밥은 되었고 소주 한 병을 달라고 했습니다. 그때 주인이 "이미 탕으로 반찬이 나왔으니, 황태를 반 마리 더 구워드릴게요. 공깃밥은 되었다고 하셨으니, 구이도 8,000원 받겠습니다"라고 말했다면 얼마나 근사했을까요? 하지만 이 식당은 이렇게 응대하지 않았습니다. 반찬을 채워주지도 않고 딸랑 구이 하나만 내쳤습니다. 볼품없는 작은 1마리를 내주고 끝이었습니다. 공깃밥 뺄 거냐고 묻지도 않았습니다. 공깃밥 빼고 8,000원보다 혼자지만 두 개 시켰으니 공깃밥도 2개 먹고 9,000원 내라는 뜻이었습니다. 바로 그게 현실이었습니다.

과연 제 바람처럼 절대 할 수 없는 일일까요? 그게 정말 못할 일일까요?

13 _ 1.3인분으로 만드세요.
그럼 매력이 생깁니다

어쩌면 이 쉬운 방법을 여태 몰랐다는 사실에 억울할 수 있습니다. 왜 그걸 모르고 이제껏 옹색하게 팔았는가 싶을지도 모릅니다. 그 아쉬움이 깊다면 바로 바꾸면 됩니다. 그럼 달라집니다. 자신감이 절로 생겨날 겁니다.

◆ ◇ ◆

1인분에 8,000원짜리 음식을 판다고 합시다. 원가가 35%라면

2,800원입니다. 여기서 반찬과 공깃밥을 제하면 실제 음식에 들어가는 원가는 2,000원쯤 될 겁니다. 이제 양을 30% 늘려보는 겁니다. 그럼 원가는 얼마가 더 들어갈까요? 2,000원의 30%니까 600원 더 쓰는 겁니다. 반찬과 공깃밥은 그대로니까 600원만 더 투입하면 다른 집의 1.3인분을 1인분으로 내주는 셈입니다. 그럼 원래의 원가 2,800원에 600원을 더하면 3,400원이 됩니다. 판매가 8,000원의 43%가 되는 셈입니다. 홍보비라고 생각하고 이 원가만큼 내줘도 좋고, 그렇지 않으면 가격을 1,000원만 더 올리면 됩니다. 이때 1,000원을 올렸다고 해서 판매가 9,000원에 대한 원가 3,400원으로 생각하지 말아야 합니다. 30%의 양을 더 주는 데 들어간 원가 600원은 손님에게 추가로 부담시킨 1,000원으로 쓴다고 생각해야 합니다. 손님이 1,000원을 더 줘서 30%를 더 넣었을 뿐이라고 생각하는 겁니다. 그래서 손님이 만족하고, 심지어 식당도 400원 더 남았다고 생각해야 합니다.

이런 식으로 원가의 개념을 바꾸면 현재보다 훨씬 좋은 상차림을 만들 수 있습니다. 주인에게 필요한 건 9,000원이 아니라 8,000원에 판다는 생각입니다. 8,000원으로 팔았더니 별 소득이 없었는데, 손님이 추가로 준 1,000원으로 1.3인분을 주면 손님이 늘어날 거라는 확신을 가져야 합니다. 그렇게 제대로 줄 수 있는 방법이 있음을 믿어야 합니다.

8,000원을 내고 1인에게 아쉬운 1인분을 내주는 식당과 9,000원을 내니까 1.3인분 양으로 주는 식당이라면 손님은 과연 어디로 갈까요? 양을 더 주는데 필요한 원가가 절대 못 넘을 산이 아니라는 것을 손님이 준 1,000원의 셈으로 이해해야 합니다.

◆ ◇ ◆

대부분의 식당은 1인분 양이 넉넉지 않습니다. 모자랍니다. 아쉽습니다. 그렇게 줘야 곁들일 음식을 더 시킨다고 하는데, 감히 틀린 생각이라고 단정합니다. 모자라서 추가로 시키는 곁들임은 의미가 없습니다. 닭갈비 2인분이 모자라서 사리를 추가하는 집에 또다시 갈 마음이 생기지 않습니다. 아구찜 小자가 적어서 볶음밥 3개를 볶아야만 하는 식당을 다시 찾을 리 없습니다. 1.3인분의 양이어야 합니다. 모자라서 추가로 시키는 일이 없어야 합니다. 그래야 손님이 또다시 찾아옵니다. 절대 외면하지 않습니다.

제가 만든 식당들은 대부분 1인분에 만원을 받습니다. 동태탕도 만원입니다. 남들이 8,000원을 받을 때 우리는 만원을 받습니다. 그리고 더 받은 2,000원어치를 전부 넣어주라고 합니다. 그냥 8,000원에 판다고 생각하고 2,000원을 매력 발산하는 원가에 모두 투입하게 합니다. 그럼 재료는 다른 집의 거의 2배가 됩니다. 30%가 아니라 다른 집 재료의 200%가 되는 겁니다. 겨우 2,000원으로 충분히 가능합니다. 살아남으려면 이렇게 팔아야 합니다. 줄을 세우려면 이정도는 되어야 합니다.

2,000원은 주메뉴의 재료가 될 수도 있고, 특별한 반찬이 될 수도 있습니다. 2,000원을 식당이 갖지 않겠다는 마음이면 됩니다. 그래서 많이 팔리게 만드는 겁니다. 그 골목에서 1등을 해내면 되는 겁니다. 남들은 8,000원을 받고 어영부영 팝니다. 연명하듯 장사를 할 뿐입니다. 그러나 손님 돈 2,000원이면 활기찬 식당이 됩니다. 손님이 바글거리는 식당을 만들 수 있습니다. 거기에 하나 더, 인원수 주문을 사절하면 끝내주는 셈이 완성됩니다. 여기까지 해야 완벽해집니다. 경쟁자의 8,000원보다 2,000원을 더 받지만, 오히려 가격 경쟁력이 더 생깁니다.

하지만 솔직히 이렇게 팔기는 어렵습니다. 아까우니까요. 손해처럼 느껴지니까 대부분은 하던 대로만 팝니다. 인원수 주문에 8,000

원을 선택합니다. 누군가의 집요함이 없는 한 이 공식은 선택하지

않습니다. 그래서 안타까운 겁니다.

14 _ 판매가를 30% 올리면
2인분 같은 1인분이 됩니다

더 받아낸 2,000원을 원가에 다 보태면 양이 200% 된다고 말했습니다. 실제로 그런 것들이 많습니다. 아니, 거의 다 그렇게 할 수 있습니다. 어떤 메뉴든 판매가를 조금만 올리면 2인분 같은 1인분을 얼마든지 줄 수 있습니다. 생각을 바꾸면, 마음을 예쁘게 먹으면 그 승자의 셈이 내 것이 되는 겁니다.

닭갈비를 예로 들어봅시다. 국내산 냉장 닭 1kg의 사입가격은 7,000원 정도입니다. 보통 1인분으로 200g을 줍니다. 그럼 1인분의 닭 원가는 1,400원입니다. 거기에 양념을 보태고 고명을 올리는 값을 포함하면 3,000원쯤 들어갑니다. 그리고 보통 닭갈비 1인분으로 만원 내외를 받습니다. 싸게 파는 집은 8,000원도 받고, 비싸게 받는 집은 12,000원도 받습니다.

그럼 평균이 만원이니까 우리는 판매가를 30% 올려서 1인분 13,000원을 받는 겁니다. 그리고 올린 3,000원을 식당이 갖는 것이 아니라 손님에게 돌려주는 겁니다. 나는 남들과 다름없는 평균치인 만원을 받았다고 생각하면 그만입니다. 남들처럼 만원에 파는데 우리 식당에 손님이 많으면 된 겁니다. 우리 식당에 긴 줄이 서면 성공한 겁니다. 손님 돈 3,000원으로 2인분 같은 1인분을 만들었다고 생각하면 되는 겁니다. 2018년 12,000원으로 시작한 닭갈비는 2019년 13,000원을 받았고, 2020년부터는 1인분 15,000원을 받고 있습니다. 그래도 손님은 다른 집을 가지 않습니다. 2인분 같은 1인분은 맛창 식당들뿐이니까요.

코다리도 예를 들어보겠습니다. 코다리 역시 1인분에 9,000원부터 13,000원까지 받습니다. 평균 11,000원인데, 그 가격에 많이 팔리면 역시 식당은 성공한 셈입니다. 코다리는 물코다리와 참코다리로 나뉘는데, 비싼 참코다리는 마리당 2,500원쯤 합니다. 작아서 그 가격이 아니라, 식당에서 흔히 쓰는 코다리 크기입니다. 거기에 양념을 보태면 원가는 3,500원쯤 합니다. 그 1마리를 주고 평균 11,000원을 받는다고 생각하면 됩니다. 그래서 저는 4,000원을 보태 1인분 15,000원이란 가격을 책정합니다. 그리고 코다리는 1인분에 2마리를 주는 겁니다.

1인분으로 코다리 1마리를 먹으면 아쉽습니다. 원래 1인분은 대체로 아쉬운 양입니다. 1마리를 혼자 다 먹는데 왜 아쉽냐고 하겠지만 배가 부르지 않다는 겁니다. 그렇게 1마리라서 아쉬운데 값을 조금 더 내면 무려 2마리를 먹게 되는 겁니다. 그런 집이 있는데 코다리 1마리 가격이 싸다고 다른 거기를 갈까요? 물론 1마리에 11,000원으로 많이 팔 자신이 있고 재주가 있다면 그리 팔면 됩니다. 어디는 9,000원에도 파니까 11,000원이면 잘 받는 가격이니까요. 그런데 남들처럼 1마리를 파는데 어느 세월에 소문이 날지 잘 생각해 보기 바랍니다. 제가 만든 식당처럼 1인분에 2마리를 주는 집의 소문이 더 빠르다는 데 이견은 없을 겁니다.

◆ ◇ ◆

닭갈비와 코다리만 이런 것이 아닙니다. 거의 모든 식당은 판매가를 30%만 올리면 2인분 양을 줄 수 있습니다. 이유는 단순합니다. 현재 대한민국 모든 식당은 반찬과 공깃밥을 포함해 판매가의 35% 정도를 원가로 잡기 때문입니다. 따라서 단순하게 생각해도 판매가 30%면(반찬과 공깃밥을 빼고) 어떤 음식이든 2배를 줄 수 있습니다. 그렇게 판매가를 조금만 올리면 손님이 원하지 않아도 양을 듬뿍 내는 상차림을 선물할 수 있습니다.

그럼 왜 대한민국 식당들은 이 셈을 쓰지 않는지 궁금할 겁니다. 이렇게 좋은 방도가 있는데 왜 다들 이 묘책을 부리지 않는지 의아할 겁니다. 간단합니다. 닭갈비 1인분 만원에 재료비가 3,500원이면 원가율은 35%입니다. 닭갈비 1인분 13,000원에 재료비가 6,500원이면 원가율은 50%입니다. 바로 이 때문입니다. 이 원가율에 발목이 잡혀서 빤히 보고도 따라 하지 않는 겁니다. 팔아도 남는 게 없다고 생각하는 겁니다. 만원짜리를 팔아서 6,500원을 남기면 65%인데, 2인분 양을 주면 원가율이 50%로 떨어지니 파는 의미가 없다고 생각합니다. 마진 65%를 남겨야 장사를 잘하는 것이라고 착각합니다. 평상시 하루에 50팀도 오지 않으니 65%에서 15%나 덜 남는 장사를 하고 싶지 않은 겁니다. 남는 액수를 생각하면 실제 아무것도 아닌데, 원가율 몇 퍼센트로 계산하고 손해 보는 장사라고 철석같이 믿는 탓입니다.

라면이 4,000원이고, 떡라면이 4,500원일 때 라면을 팔면 2,000원 남고, 떡라면을 팔면 2,300원을 남기니 떡라면이 덜 나가는 겁니다. 그럼 덜 나가는 떡라면을 많이 팔려면 어떻게 해야 할까요? 떡라면도 라면 팔았다 생각하고 2,000원만 남기면 됩니다. 라면을 팔려고 차린 식당인데 어려울 일이 있을까요? 떡라면에서도 기어이 남기려고 하니 손님들이 선택하지 않는 겁니다. 주인은 냉정하게 4,000원짜리 라면만으로는 손님을 끌 재주가 없다는 것을 깨달아야 합니다. 고명 없는 라면으로는 어떤 재주를 부려도 손님을 만족시키기 어렵다는 것을 인정해야 합니다. 라면을 더 잘 팔리게 하기 위해 넣은 떡이라고 생각해야 하는 겁니다. 이게 바로 '떡라면론'입니다. 라면은 4,000원, 떡라면은 4,500원일 때 떡라면이 너 팔리게 하는 이론입니다. 라면보다 떡라면이 덜 팔린다면 떡라면은 파는 의미가 없다고 생각해야 합니다.

짬뽕도 마찬가지입니다. 8,000원짜리 짬뽕 팔아서 남는 것에 만족할 수 있습니다. 그런데 짬뽕만으로는 매력이 부족하니 삼선짬뽕을 만든 겁니다. 8,000원짜리 짬뽕 팔아서 5,000원 남으면 되는데, 도무지 8,000원 짬뽕으로는 하루에 100개를 못 팔겠으니 만든 것이 삼선짬뽕입니다. 그런데 대부분의 식당은 삼선짬뽕을 만원에 받아 6,500원을 남기려고 하니 손님들이 그걸 알고 굳이 사 먹지 않는 겁니다. "그냥 짬뽕으로 먹어. 삼선은 비싸기만 해." 이런 이야기를 앞사람에게 해주는 겁니다. 짬뽕 하나를 제대로 만드는 식당은 그래서 메뉴가 단촐합니다. 하지만 대부분은 무조건 고명에 따라 남겨야 한다는 생각을 하니 별별 짬뽕 메뉴를 만들어 메뉴판을 채우는 겁니다. 차돌짬뽕, 삼겹살짬뽕, 오징어짬뽕, 전복짬뽕, 순두부짬뽕, 얼큰짬뽕, 매운짬뽕, 김치짬뽕을 만들어 힘들게 고생을 자처하는 겁니다. 거기서도 무조건 남겨 일반 짬뽕을 파는 것보다 수익을 올리는 것이 장사라는 착각의 늪에서 빠져나오지 못합니다.

◆ ◇ ◆

이런 세세한 설명을 이해하고 무릎을 치면서도 대부분은 따라 하지 않습니다. 100명에 95명은 실천하지 않을 겁니다. 마진율이 적다는 이유로 말입니다. 그처럼 아무도 하지 않으니, 해보면 다르다는 것을 쉽게 느낄 수 있습니다. 일단 해보면 손님들의 반응이 놀랄 만큼 다르다는 것을 확인할 수 있는데, 95명쯤은 시도는커녕 그저 잘 읽었다고 만족하고 책을 덮을 겁니다. 그럼 저는 이 책을 왜 쓰는 걸까요? 바로 100명 중에 5명을 위해서입니다. 5%를 구제하기 위해 이 책을 쓰는 겁니다.

이렇게 남는 크기(마진율이 아니라)만 생각하면 콩나물찜이 아닌 아구찜을 얼마든지 줄 수 있고, 감자탕 전골에 뼈 한 대접 얼마든지 서비스로 내줄 수 있습니다. 짬뽕도 곱빼기 값을 따로 매기지 않아 경쟁력이 있고, 칼국수 1인분 9,000원을 매겨도 줄을 세울 수 있습니다. 5,000원짜리 칼국수 팔아서 3,500원 남기려니, 7,000원짜리 칼국수 팔아서 5,000원 남기려니 도무지 손님이 늘지 않습니다. 그런데 9,000원짜리 팔아서 5,000원만 남기겠다고 마음먹으면 줄을 서는 그 이치를, 몰라서도 못하고 알고도 모른 척합니다.

한 달 사이에 세 번이나 갈 만큼 끌리는 식당이 있습니다. 운동 삼아 동네를 걷다 그날따라 힘에 부치고 배도 너무 고파 아직 바쁜 시간 전(11시 30분)이라 생각하면서 혼자 중국집의 문을 열었습니다. 식당은 크고 근사했지만(50평 1, 2층), 일하는 사람이 적고 메뉴판에는 메뉴가 너무 많았습니다(단품 30가지, 요리 10가지쯤). 큰 기대없이 8,000원짜리 삼선짬뽕을 시켰습니다. 그런데 놀랄 만한 짬뽕이 나왔습니다. 그릇이 찰랑일 정도로 양이 많아 곱빼기를 시켰나 착각할 정도였습니다. 더구나 해물도 가득했습니다. 지금까지 먹어본 8,000원짜리 짬뽕 중에서 단연 1~2등을 다툴 만한 양이었습니다. 통영에서 먹은 해물짬뽕 9,000원에 비해서도 전혀 부족하지 않았습니다. 특히 면은 이 집이 더 많았습니다. 짬뽕 국물의 매운맛도 참 좋았습니다. 그런데 홀에는 2명의 직원만 일하고 있었습니다. 문이 닫힌 룸이 3개, 홀 테이블이 12개였는데 홀 담당 2명에 배달 1명이 보였습니다.

혼자여도 미안하지 않았던 기억 탓에 보름쯤 뒤에 또 갔습니다. 그날은 토요일이었고, 미안하지만 바쁜 시간대인 12시 반이었습니다. 동네에 위치한 식당이라 가족 단위 손님들이 많았습니다. 룸은 문이 닫혀 손님이 있는지는 몰라도, 홀 12개 테이블은 거의 다 찼습니다. 그런데 저처럼 혼자 온 손님이 테이블 3개를 차지하고 있었습니다. 저를 포함하니 이제 4개는 4명이 독상을 받은 셈입니다. 그날 일반 짬뽕을 시켰어야 하는데, 지난번 삼선짬뽕의 매력을 놓칠 수 없어 다시 삼선짬뽕을 시켰습니다. 그리고 전에 나온 음식이 실수가 아니었음을 확인했습니다. 하지만 그날도 역시나 홀 담당은 2명이 전부였습니다.

처음 방문한 날로부터 한 달째 되던 날에 그 중국집에 또 갔습니다. 일요일 점심이었고, 시간은 오후 2시였습니다. 손님들이 얼추 빠졌는지 겨우 가족 단위 두 팀만 있었습니다. 이번에는 삼선간짜장을 시켰습니다. 짬뽕만큼 잘 나오는지 궁금했습니다. 사진처럼 같은 크기의 그릇을 2개 줬습니다.

따로 담은 간짜장이 그처럼 양이 많은 것은 처음이었습니다. 고명 양이 얼마나 많은지 면을 비비기 힘들 정도였습니다. 건더기 역시 짬뽕 못지않았습니다. 고기에 오징어, 새우가 듬뿍 들어갔습니다. 간짜장에 양파볶음이 태반이고, 삼선이라고 해서 별다르지 않은 식당들이 열에 아홉입니다. 삼선(간)짜장을 여기처럼 내준다면 짬뽕과 대등한 비율로 팔리겠다 싶었습니다. 하지만 그날도 배달은 혼자 왔다 갔다 했고, 처음으로 주인 남자를 봤습니다. 그 시간 홀 담당은 1명이었습니다. 주인은 카운터에서 모니터로 인터넷을 볼 뿐이었습니다. 저는 혼자 아주 만족스러운 삼선간짜장에 행복했습니다. 그러나 식당은 행복해 보이지 않았습니다.

◆ ◇ ◆

배달로 냉큼 가져다주니 사람들은 식당에 가지 않습니다. 고명을 포함해 면 양이 워낙 많아 2개를 시키면 셋이 충분히 먹을 수 있으니 배달을 시키는 겁니다. 배달하지 않는 중국집이라면 당연히 가야 하지만, 손님 입장에서는 배달이 되니 참 다행입니다. 배달로 손님을 배려해 주니 식당이 참 고맙습니다. 식당이 한가하건 말건 상관없습니다. 내 식당이 아니니까요.

메뉴가 40개 넘으니 기억되지 않습니다. 그리고 메뉴가 많아서 제각각 시켜 먹었던 탓에 한 가지 음식에 대한 만족과 평가가 없으니 각자 속으로만 괜찮았다고 느낄 뿐입니다. 테이블마다 같은 음식을 먹는 풍경과 테이블마다 제각각인 음식을 먹는 풍경은 느낌 자체가 다릅니다. 얼마나 대단하면 이 많은 사람들이 모두 같은 메뉴를 먹을까, 하는 것은 꽤 흥미로운 경험입니다. 인테리어의 최고봉이 가득 찬 손님이듯이, 모두가 같은 메뉴를 먹는 것 또한 맛의 정점이라고 볼 수 있습니다. 이 근방에서는 내가 독보적이라는 증거입니다.

그런데 가게 전체는커녕, 한 테이블에서도 4명이 서로 다른 메뉴를 먹고 있으니 각자의 입맛으로만 평가될 뿐입니다.

규모에 비해 적은 일손도 역시 악순환입니다. 홀과 룸을 포함하면 최소 20개는 되는 테이블을 둘이서 감당하려니 힘듭니다. 지치니까 홀에서 일하는 직원들의 얼굴이 좋을 리 없습니다. 피곤에 절고 귀찮은 기색이 역력해 뭐라도 더 달라고 하기 힘든 얼굴이어서 손님들은 불편합니다. 주인은 거들지 않고 카운터 놀이만 하고 있으니(그나마도 없을 때는 홀 직원이 배달 전화도 받고 계산도 해야 하니 더 바쁘고 더 짜증만 납니다) 식당엔 온기라고는 없습니다. 그러니 거기서 먹는 음식이 맛있은들 얼마나 자주 가고픈 마음이 들까요. 8,000원에 전국 등수에 들 만큼 푸짐하게 주는 삼선짬뽕과 삼선간짜장이 아무리 대단하다 한들 인정받을 수 있을까요?

◆ ◇ ◆

식당은 음식을 맛있게 먹게 해줘야 합니다. 그런 공간을 제공해야 합니다. 객관적인 맛 하나로는 끌게 할 수 없습니다. 그 어떤 주관적 상황을 대입해도 맛있게 먹는 기운을 이길 수 없게 해야 합니다.

〈골목식당〉에 나온 식당이 맛있는 것은 백종원 대표가 손댄 걸 알아서입니다. 연예인이 먹었던 것이니 맛있게 느껴지는 겁니다. 카메라는 없지만, 카메라가 훑고 지나간 테이블에 앉으니 맛있다고 생각하는 겁니다.

하루에 하나도 팔리지 않는 10만원짜리 요리 메뉴가 있으면 뭐 하나요? 하루에 3개도 팔리지 않는 1인당 2만원짜리 코스가 있으면 뭐하나요? 손님들은 8,000원짜리 짬뽕을 먹겠다는데 그 비싼 메뉴가 무슨 필요가 있을까요? 삼선짬뽕 한 그릇이 그렇게 푸짐한데 김치짬뽕에 차돌짬뽕, 매운짬뽕, 볶음짬뽕까지 메뉴판에 넣는 것이 무슨 의미가 있을까요?

16 _ 매력 있는 고기 반찬을 주는 집, 왜 귀할까요?

저는 고기를 참 좋아합니다. 하루는 삼겹살, 다음 날은 제육볶음, 소고기에 불고기를 돌아가며 찾아 먹을 정도로 고기를 좋아합니다. 그렇게 자주 먹는 만큼 고깃집은 가장 많이 경험하는 식당입니다. 그런데 가장 불만족스러운 상차림을 매번 보여주는 집 역시 고깃집입니다. 어쩜 그렇게 허접한 상차림을 내는지 기가 막힙니다. 그렇게 팔아서 무슨 내일을 기대할 수 있을까요? 다음은 고깃집에 갔을 때 들었던 생각들을 나열해 본 것입니다.

하나, 고기 정량에 의구심을 가진 적은 없습니까?

둘, 고기를 싸 먹으라고 주는 쌈 채소는 만족스러운가요?

셋, 고기에 쌈장은 그저 된장이면 되나요?

넷, 반찬은 고기를 더 맛있게 먹는 즐거움이 되었나요?

다섯, 서비스라고 내주는 계란찜, 된장찌개에 할 말은 없던가요?

여섯, 인원수보다 더 추가한 이유는 뭘까요?

일곱, 그 추가를 후회한 적은 얼마나 있었나요?

대충 7가지만 물어보겠습니다. 이 질문에 대부분 고개를 끄덕일 겁니다. 손님의 입장에서는 고개가 끄덕여지는데, 고깃집 주인으로서는 어떤지 궁금합니다. 분명 그리 주는 이유, 어쩌면 의도가 있을지 모릅니다. 그러나 주인의 의도는 식당을 위한 것일 뿐 손님을 위한 것이 아닐 확률이 더 크다고 단언합니다.

◆ ◇ ◆

어떤 집은 삼겹살 한 줄을 1인분이라고 줍니다. 두께가 두툼하다 해도 한 줄이 1인분이라고 하면 손님 입장에서는 어이가 없습니다.

1인분 120g 한우도 아닌데, 삼겹살 한 줄을 1인분이라고 주는 집들을 보면 다시는 가고 싶지 않습니다. 그때 저울을 준비해서 1인분 180g이 맞다는 걸 확인시켜 주면 좋을 텐데, 그런 집은 제 평생에 두 번 정도 봤습니다.

쌈은 또 어떤가요? 쌈밥 집의 쌈까지는 당연히 기대하지 않습니다. 하지만 고기를 싸 먹는 쌈으로 눈으로 셀 수 있는 정도의 상추 몇 장은 너무하지 않은가요? 물론 달라면 더 준다고 하지만 여러 번 요청하는 손님은 기분이 좋을까요? 스스로에게 궁색한 기분이 먼저 들지 않을까요? 고기로 차별화하는 것보다 쌈 채소 3~4가지를 내는 것이 더 간단하고 손님의 만족도도 더 높은데, 왜 고깃집은 쌈 채소에 그렇게 인색할까요? 그게 정말 잘하는 장사라고 믿고 있는지 궁금합니다. 상추가 금값일 때야 그렇다 쳐도, 평상시에 고깃집 쌈으로 상추와 깻잎 몇 장이 전부라면 할 말이 없습니다. 레드오션이 분명한 경쟁자가 넘치는 고깃집을 차리면서 경쟁력은 어디서 찾을지 진심으로 묻고 싶습니다.

고기를 찍어 먹을 쌈장으로 어딜 가나 된장을 줍니다. 그것도 주방에서 만든 것이 아니라 시중에서 파는 된장을 뜯어서 줍니다. 그 된장이 싫어서 일부러 고추장을 달라고 하고 싶지만, 진상 손님으로 비칠까봐 실제로는 말도 못합니다. 쌈장을 제대로 만드는 일이 좋은 고기를 쓰는 것만큼 중요하다는 생각은 왜 못하는 걸까요? 우렁이 1,000원어치를 넣어주는 게 그리 어려운 일인지 묻고 싶습니다. 견과류 300원어치 넣어서 만드는 것이 정말 고난이도의 일인지 따지고 싶습니다.

◆ ◇ ◆

고깃집 반찬은 대체로 부실하거나 평이합니다. 고기에 곁들이기 좋은 것으로 만들었다기보다 그저 아무거나 내놓는 집들이 대부분입니다. 고기 맛을 더 돋운다거나 고기가 익기 전에 먹을 만한 것이어야 하는데, 그저 백반집 반찬처럼 구색만 갖출 뿐입니다. 섬세하게 고기 맛을 돋우는 반찬을 내는 집은 참으로 보기 힘듭니다. 그런 집을 발견하면 횡재한 기분이 들 정도입니다.

"고기에 반찬이 뭐가 필요해?"라고 말하는 주인도 있습니다.

"그럼, 집에서 구워 먹지 식당에 왜 가냐?"고 묻고 싶습니다.

고기에 콩나물을 올려서 먹는 맛, 고기에 생채를 듬뿍 올려서 먹는 맛, 고기에 구운 김치를 올려서 먹는 맛 때문에 고깃집에 가는 겁니다. 고기쌈을 크게 만들어 한입에 넣고 시원한 동치미를 마시는 그 맛에 일부러 식당에 가는 겁니다. 마트에서 사면 200g에 4,000~5,000원인데 식당에 가서 13,000원이나 주면서 먹는 겁니다. 그럼에도 고깃집에 반찬이 왜 필요하냐, 왜 중요하냐고 정색하고 묻는다면 마음대로 하시라는 답이 전부입니다. 그걸 받아들이지 않겠다면 어쩔 수 없지요.

곁들임 반찬이 좋은 고깃집에 손님이 몰립니다. 고기 맛이 유독 좋아서 가는 집도 있습니다. 고기를 숙성하는 데는 기술과 기기가 필요하기도 합니다. 하지만 곁들임 반찬은 정성만 있으면 됩니다. 고기에 어울리는 반찬을 내주겠다는 각오면 해낼 수 있습니다. 그러나 대부분은 고기를 숙성하는 방법도 몰라, 좋은 고기도 안 써, 반찬도 평이하니 대부분의 고깃집들은 그냥저냥 하루를 때우며 연명하는 겁니다.

삼겹살은 비싼 생고기를 사오구요
숙성은 냉장고가 담당합니다.
저는 정량을 드리고, 김치는 믿으셔도 됩니다.

◆ ◇ ◆

　4명은 3인분, 3명은 2인분으로 출발하는 고기 주문에 의구심이 든 적은 없었나요? 분명 추가까지 했는데도 계산할 때 보면 왜 4명은 4인분이고, 3명은 3인분이 되었는지 생각해 본 적은 없나요? 바로 만족이 없는 고깃집이라 그랬던 겁니다. 만족이 되는 고깃집이라면 처음부터 정인분을 주문하고, 추가로 주문합니다. 원래 손님은 그렇게 야박하게 돈을 쓰지 않습니다.

　그런데 대부분 고기를 추가하면 딸랑 고기만 줍니다. 처음에 줬던 것도 달라고 해야 줍니다. 처음에 상차림을 해주길래 고기를 추가하고 더 달라고 하니 별도라고 해서 기분이 상합니다. 고기를 추가했는데도, 양념게장은 3,000원 별도라고 합니다. 첫 주문에는 그냥 줬던 그 양념게장을 말이죠. 물론 고기를 추가하지 않고 달라고 하면 당연히 돈을 받아야 합니다. 식당도 남자고 하는 장사니까요. 하지만 고기를 추가했으면 얼마든지 줘야 합니다. 딸랑 고기만 내주고 이득을 남기는 것보다 추가야말로 손님을 남길 기회입니다. 손님이 달라고 하지 않아도 다시 차려주는 마음으로 상을 채워 주거나 또는 다른 뭔가로 보답하면서 고기를 추가한 그 손님을 남겨야 하는 겁니다.

17 _ 고기 1인분, 술 한 병 더 먹게 하면
누가 더 이득일까요?

고깃집만 해당되는 이야기가 아닙니다. 식당 주인이라면 응당 생각해야 하는 관점의 변화입니다. 특징이 있어야 하고, 매력이 있어야 합니다. 그래야 끌립니다. 끌리는 식당에는 손님이 많고, 그게 없으면 아무리 홍보해도 그때뿐, 돈 쓸 때뿐입니다. 돈이 없으면 낚시질 홍보도 못하는 지경에 다다릅니다. 간판을 바꿔도, 메뉴를 추가해도 나아지는 것이 없습니다. 그래서 주인의 생각, 마음, 태도를 지금이라도 바꿔야 합니다. 그렇게 바꿔야 살아갈 수 있습니다. 연명을 벗어나게 되고, 돈을 만지게 되고, 행복까지 움켜쥐게 됩니다.

◆ ◇ ◆

고깃집 메뉴판에 김치해장국밥이라는 메뉴가 있습니다. 7,000원입니다. 그 아래에는 김치찌개라는 메뉴가 또 있습니다. 고깃집에서 밥으로 준비한 메뉴들입니다. 김치찌개는 흔하니 김치해장국밥을 시켰습니다. 그랬더니 김치찌개에 밥을 말아 끓여서 나왔습니다. 뻔했지만 색달랐습니다. 먹을 만했고, 속도 든든했습니다. 저는 그 순간, 이걸 어떻게 풀면 더 좋을까? 어떻게 하면 손님을 끄는 매력적인 무기가 될까 생각해 봤습니다. 쉬웠습니다. 반찬도 없이 내주는 뚝배기 김치찌개 한 그릇의 원가는 1,000원이면 충분합니다. 거기에 공깃밥 400원. 김치를 넉넉히 더 넣었다고 우기면 2,000원 정도가 들어갔을 겁니다. 그걸 7,000원에 파니 5,000원이 남습니다.

고기는 1인분에 13,000원입니다. 고기 추가를 하면 고기만 내줄 테니 1인분을 더 시키게 만들면 8,000~9,000원이 남습니다(kg에 22,000원 기준). 소주를 한 병 더 시키게 만들면 2,500원이 남습니다(업소용 소줏값 1,500원이라고 하겠습니다). 해장국밥 팔아서 5,000원 남기는 것도 좋은 장사이지만, 해장국밥을 서비스로 주고 고기 1인분, 소주 한 병 더 팔게 하면 어떨까요? 그렇게 준다는 소문이 돌아서 손님들이 줄을 선다면 어떨까요? 저라면 고기 1인분을 14,000원 받겠습니다. 미리 1,000원을 챙겨둡니다. 그리고 해장국밥을 그냥 줍니다. 작은 뚝배기로 쪼개서 1인당 1개씩 줄 겁니다. 또는 아주 큰 뚝배기에 공깃밥 2개를 말아서 작은 뚝배기에 덜어 먹으라고 할 겁니다. 눈에 확 띄는 해장국밥으로 상차림 특징을 만드는 겁니다.

◆ ◇ ◆

2차로 옮긴 고깃집에서는 팔도비빔면을 팔았습니다. 가격은 2,500원. 그것도 바꿔보고 싶었습니다. 역시나 한 봉지를 뜯어서 주는 것이 전부였습니다. 쿠팡에서 40개에 23,000원입니다. 개당 600원이니 1,900원이 남습니다. 노하우도 전혀 없는 음식이 제법 남습니다. 그게 하루에 몇 개나 팔릴지는 모르지만, 잘해야 10개 남짓일 겁니다. 하루에 30개 팔린다 해도 그만입니다. 그래 본들 이득은 6만 원일 테니까요. 그 팔도비빔면으로 고기 1인분 추가를 유도하려면 어떻게 해야 할까요? 간단합니다. 2봉지를 1인분으로 주는 겁니다. 그래도 1,300원 남습니다. 마진이 50%가 됩니다. 그런데 양을 2배로 주니 웬만하면 시켜 먹을 겁니다. 비빔면에 고기 한 점 싸먹는 즐거움에 고기를 1인분 더 추가할지도 모릅니다. 1인분으로 비빔면 한 개는 누구나 줍니다. 그러나 2개는 주지 않으니 설사 고기 1인분을 추가하지 않고 일어선다 해도 손님은 2개를 1인분으로 준 고마움을 기억할 겁니다. 지나가는 말로 "그 동네 가면 오른쪽 고깃집을 가. 거긴 비빔라면을 1인분에 2개 끓여줘"라고 할 겁니다. 이거면 된 겁니다. 지금까지 "거기 가면 팔도비빔면을 2,500원에 파니까 한 번 가봐"라고 말하는 것을 들어본 적이 없었습니다. 그게 팩트입니다.

◆ ◇ ◆

식당이 '고기 1인분 더 드세요'라고 권한다고 더 먹지 않습니다. 손님 스스로 추가할 마음이 생겨야 합니다. 내켜야 주문합니다. 돈을 더 쓸지는 손님이 결정하는 겁니다. 그렇게 한다는 것은 마음에 들었다는 뜻입니다. 기분이 좋았다는 뜻입니다. 다음에 또 올 거라는 약속입니다. 1인분 매출을 더 올리는 것보다 훨씬 더 큰 것을 얻게 됩니다. 장사는 그래야 합니다. 간판에 내건 음식을 파는 데 모든 걸 집중시켜야 합니다.

기왕 시작한 식당입니다. 그런데 경쟁자가 너무 많습니다. 끔찍할 정도로 많습니다. 설마 했던 실패가 역시나가 되는데 걸리는 시간은 그리 길지 않습니다. 그 실패가 약간의 상처 정도면 좋으련만 한 가정이 무너질 수도 있습니다. 재기가 불가능한 종양으로 남을 수도 있습니다. 김치해장국밥 팔아서 5,000원 더 남기고, 팔도비빔면 팔아서 1,900원 남기는 것도 좋습니다. 그러나 식당의 매력은 절대 될 수 없다는 걸 알아야 합니다. 주인이 생각을 고치고 방법을 바꾸면 얼마든지 매력 덩어리 지원군이 될 수 있습니다.

18 _ 고생하는 식당,
행복으로 가는 식당

유천동 해장국집은 6,000원을 받고, 오류동은 7,000원을 받습니다. 태평동은 8,000원, 선화동은 9,000원짜리 해장국집이 있습니다. 6,000원을 받는 식당은 위생이 좋지 않아 가지 않습니다. 맛있는 김치와 깍두기를 뚝배기에 담아놓는데 뚜껑이 없어서 먹기 꺼려집니다. 8,000원짜리는 수십 년 된 노포라 손님이 많습니다. 혼자 가도 되지만, 괜히 눈치가 보입니다. 9,000원짜리는 매운 김치가 유명합니다. 역시 손님이 많아서 혼자는 부끄럽습니다. 오류동은 혼자서도 씩씩하게 문을 엽니다. 어색하지도, 미안하지도 않습니다. 테이블은 12개에 메뉴는 참 다양합니다.

순대국밥 7,000원, 돼지국밥 7,000원, 막창국밥 8,000원

순대모둠 1인용 7,000원, 小 10,000원, 大 15,000원

수육모둠 1인용 12,000원, 小 24,000원, 大 29,000원

여기에 순대수육과 모둠스페셜이 小자와 大자가 있고, 버섯모둠 전골도 있고, 버섯막창전골도 있습니다. 버섯철판볶음과 버섯막창볶음도 있습니다. 기타 메뉴로 머리 고기, 술국에 막창술국도 있습니다. 이게 끝이 아닙니다. 족발도 일반족발, 양념족발로 구분되어 있습니다. 얼추 세어봐도 15가지가 넘습니다. 그걸 혼자 만듭니다. 실로 대단한 솜씨가 아닐 수 없습니다. 그리고 홀의 테이블 12개도 한 사람이 감당합니다. 역시 홀도 능력자입니다. 하지만 냉정하게 말하자면 주방 한 명, 홀 한 명으로도 충분히 할 만한 매출이라는 뜻입니다. 겨우 그 정도 매출밖에 안 된다는 겁니다.

다행히 반찬이 잘 나옵니다. 간도 썰어서 냅니다. 소주를 부르는 간 서비스입니다. 그런데 왜 이 해장국집은 둘이서 감당할 만큼의 매출로 연명하는 걸까요? 바로 매력이 없어서입니다. 대부분의 식

당은 음식을 만들어 손님에게 내주는 게 전부라고 생각합니다. 그걸 맛있게 만들어서 적당한 가격(혹은 싸게)에 팔면 손님이 좋아할 거라고 착각합니다.

아닙니다. 식당은 그저 음식을 만들어 손님 테이블에 가져다주는 게 전부가 아닙니다. 그게 전부라면 굳이 식당에 갈 이유가 없습니다. 밀키트를 뜯어서 아무 데서나 데우거나 끓여 먹으면 그만입니다. 그럼 돈도 훨씬 절약됩니다. 그럼에도 식당을 가는 이유를 깨우쳐야 합니다. 손님들은 사람(사람 사는 맛)을 만나기 위해, 사람(지인)과 대화하기 위해 식당에 들어온 겁니다. 나를 알아봐 주는 누군가(주인)를 만나고 싶어서 식당에 간 겁니다. 혼자 15가지의 음식 재료를 아침부터 준비하고, 주문대로 만들려니 힘듭니다. 홀 역시 혼자서 12개의 테이블을 청소하고, 주방 못지않은 준비를 하고 손님 부름에 응대해야 하니 그 뒤치다꺼리만 해도 버겁습니다. 손님을 신경쓸 겨를이 없습니다. 웃음은커녕 하루가 언제 가나, 그 생각만 하며 힘이 빠집니다. 손님 눈을 마주치고, 관심을 가지고, 말을 건다는 건 언감생심 불가능한 일입니다.

음식은 핵심이 중요합니다. 국밥은 건더기가 푸짐해야 합니다. 고기가 듬뿍 들어간 국밥에 김치, 깍두기면 됩니다. 고추와 양파가 없어도 그만입니다. 부추가 없어도 그만입니다. 물론 있으면 더 좋겠지요. 그리 주고도 남는다면 손님도 좋아할 겁니다. 생각지 않은 간을 썰어주면 반주 매출이 나올지도 모릅니다. 그러나 제일 중요한 것은 국밥의 내용물입니다. 건더기가 푸짐해야 합니다. 이 식당은 아이러니하게도 포장은 양을 2배로 줍니다. 조리하지 않고 공깃밥도 생략한 조건이지만, 포장 1인분이면 둘이 먹어도 될 만큼 순대와 내장을 넣어줍니다. 그런데 홀에서 먹으면 그 양의 반만 줍니다. 조리하는 수고와 공깃밥을 감안해도 그 차이가 심합니다. 포장의 양을 몰랐다고 해도 수저에 걸리는 내용물이 그다지 많다고 느껴지지 않습니다. 그러니 간을 서비스로 줘도 시큰둥이고, 7,000원이라는 싼 가격도 내용물 대비 매력이 없습니다.

◆ ◇ ◆

이 식당을 고치는 방법은 여러 가지 있겠지만, 국밥은 뚝배기로 판다는 관점을 바꾸면 어떨까요? 국밥은 무조건 1인분으로 팔아야 한다는 생각을 달리하면 어떨까요? 1인분 국밥이니까 7,000원이라는 한계를 깨뜨리고(그렇게 팔아봤는데 손님도 없고 매출도 별로라는 것을 확인했으니 못할 것도 없겠죠) 전골로 바꿔서 만원을 받는 겁니다. 과연 어려운 일일까요? 해서는 안 되는 일일까요? 지금처럼 하면서 세월이 좋아지기를 기다리는 것이 더 현명할까요?

만두국을 파는 식당 주인이 여행으로 자리를 비우면서 직원들에게 만두전골만 팔라고 했습니다. 주인이 일하는 곱절(보통 성실한 주인은 직원 2~3인 몫을 함)이 빠지니 주방이 불안해서 내린 결정이었습니다. 그렇게 여행을 마치고 왔는데 신기하게도 매출에 변화가 없었습니다. 1인 만두국은 손이 많이 가는데 그걸 팔지 않아도 매출이 떨어지지 않았습니다. 전골은 담아서 내주면 홀에서 끓이기만 하면 되니 주방이 훨씬 편해졌습니다. 게다가 손님들도 만두국보다 양이 당연히 더 많아 보이는 전골이 더 푸짐해서 좋아합니다. 그래서 행당동 노포 '만두전빵'은 1인 만두국, 떡만두국을 팔지 않습니다. 오로지 만두전골로만 승부합니다. 그렇게 1인 만두국을 팔지 않은 지 벌써 5년이 지났습니다.

◆ ◇ ◆

2021년 여름, 추어탕 집을 클리닉하게 되었습니다. 추어탕이야말로 1인 국밥을 파는 식당입니다. 순대국밥처럼 뚝배기에 끓여서 6가지 반찬과 함께 냅니다. 그리고 겨우 8,000원을 받습니다. 그것도 경쟁력 차원에서 솥밥까지 내주고 8,000원을 받았습니다. 그러니 점심에 몰리는 직장인 손님들에게 뚝배기 하나씩 주방에서 끓이려면 전쟁을 치러야 합니다. 테이블마다 솥밥을 올리려면 홀도 장난이 아닙니다. 그렇게 1시간 조금 넘게 정신이 빠져라 일하고 나면 언제 그랬냐는 듯이 한가해집니다. 그것도 20년 엄마의 대를 이은 추어탕 집인데도 고생만 하고 있었습니다. 그 식당이 저에게 도움을 청했고, 제가 내린 답(!)은 간단했습니다. "그냥 솥단지에 끓여 먹게 해주세요." 이유는 아주 단순합니다.

1. 추어탕을 솥단지에 주는 집은 없습니다.

2. 솥단지는 테이블에서 끓이면 됩니다. 주방이 너무 편합니다.

3. 솥단지라 1인이 아닌 2인부터 담으니 뚝배기 2개, 3개보다 양이 많습니다.

4. 당연히 뚝배기가 아닌 솥단지 크기라 가격을 더 받아도 시비 거는 사람이 없습니다.

5. 더 받은 돈에서 일부를 떼어 크고 근사한 반찬 하나를 더 주면

놀랍니다.

6. 솥단지라 양이 많으니 1인분 덜 주문하라는 멘트가 가능해집니다. 뚝배기는 무조건 1인 1개였지만, 솥단지는 주인이 마음을 비우면 가능해집니다.

7. 손님 셋이면 2인분만 주문해도 이전 8,000원짜리보다 더 푸짐하고 멋진 상차림을 받으니 신날 것이 분명합니다.

이런 단순 명료한 클리닉으로 광주 부길추어탕 신창점은 일이 편해졌습니다. 점심만 반짝이던 손님도 늘어났습니다. 예전에는 추어탕 하나로는 부족해 뼈해장국에 돈까스까지 팔아야 했는데, 지금은 오직 추어탕 한 가지만 파니 앞날도 걱정이 없습니다.

이처럼 순대국밥 집에서 1인분 뚝배기를 포기하는 것이 지름길이 될 수 있습니다. 물론 다른 방법도 얼마든지 제안할 수 있지만, 이런 개념을 머리에 담고 스스로 풀어나가야 합니다. 어떤 상황이든 다르게 생각해야 묘책이 생겨납니다. 그저 맛, 뛰어난 맛, 그걸로는 희망을 가질 수 없습니다.

19 _ 같은 가격에
이질적인 메뉴는 헛수고

2009년 당시는 죽집이 꽤 흥행할 때였습니다. 신기하게도 저는 죽집 체인 본사들과 인연이 많았습니다. 우리나라 최고의 죽집 브랜드 대표님이 일하던 책상에서 제가 일했고, 브랜드 파워 2위인 ○○죽집 체인 대표도 친구처럼 지냈습니다. 브랜드 파워 3위인 △△죽집 대표도 상사로 모셨던 분입니다. 그 안에는 끼지 못하지만, 우연히 옆자리 동료로 알게 된 사람이 만든 □□죽 신림동 가맹점에서 연락이 왔습니다. 죽집 매출이 늘지 않으니 메뉴 클리닉을 받고 싶다는 것이었습니다. 그때 저는 참 어리석고 한심했습니다. 죽집에서는 팔

지 않는 메뉴, 오히려 이질적인 메뉴를 추가하면 좋을 거라고 제안
했으니 말입니다.

결론부터 말씀드리면 실패였습니다. 손님은 늘지 않았습니다. 죽
집에 비빔국수를 판다고 사람들이 몰려오지 않았습니다. 죽을 먹으
러 들어온 손님이 비빔국수를 보고 "죽 1개, 국수 1개 주세요"라고
했을 뿐입니다. 주방 고생만 심해졌습니다. 매출은 같은데 일만 2배
로 늘었습니다.

◆ ◇ ◆

가끔 〈골목식당〉을 봅니다. 뭔가를 배우려고 보는 것은 아닌데, 보
다 보면 안타까움에 저절로 공부가 됩니다. 그 결과 제 논리와 셈이

맞음을 백번 확인하게 됩니다. 백종원 대표의 훈수와 제 훈수는 결이 다릅니다. 그분은 돈이 많고 체인 사업을 해서인지 대체로 어떤 메뉴든 싸게 팔라고 합니다. 그래야 손님이 지갑을 연다는 견해를 일관되게 보여줍니다. 그래서 저는 무척 고맙습니다. 저는 어떡하든 가격을 더 올려야 한다는 게 지론인지라 제가 그분을 따라 하지 않았음이 증명되기 때문입니다. 그래서 그가 만든 체인점이 옆에 있어도, 제가 만든 맛창 식당이 견뎌낼 수 있습니다.

(출처:SBS〈백종원의 골목식당〉)

2021년 12월, 고려대 앞 식당들이 클리닉을 받는 것을 보았습니다. 덮밥 메뉴를 완성했고, 곰국시 같은 면을 완성하는 과정이 그려졌습니다. 저라면 국수는 만들지 말라고 했을 겁니다. 덮밥 하나로 특별함을 담으라고 했을 겁니다. 대학가에서 8,000원짜리 덮밥은 접근하기 쉬운 가격이 아닙니다. 그러니 그 쉽지 않음을 견뎌내려면 반드시 특출나야 합니다. 맛으로만 해결할 수는 없습니다. 방송에 나온 덕이어서는 안 됩니다. 백종원이 손댄 식당이라는 명성도 시간이 지나면 무기가 되지 않습니다. 손님들의 머릿속에 차별화된 식당으로 기억되려면 그거 하나만 파는 집이어야 하는 게 지름길입니다. 고려대 앞 무수한 식당들이 파는 온갖 메뉴와 달리 여기는 덮밥 하나로 승부하는 집이어야 합니다. 덮밥은 방송으로 보기에도 근사하게 만들었습니다. 저도 먹고 싶을 정도였습니다. 그런데 곧바로 14시간 육수를 끓이는 장면이 화면에 이어졌습니다. 잘 만든 덮밥을 놔두고 왜 그 작은 가게 주방에서 주인 혼자 14시간이나 공을 들여야 하는 국수를 만드는지, 그걸 왜 아무런 지적도 안 하는지 이해할 수 없었습니다.

클리닉을 할 때는 그 식당의 환경에 맞는 여건으로 바꿔주는 것도 맛있는 음식을 만들게 해주는 것만큼 중요한 일입니다. 사골을 꼴랑 2시간 끓이고 육수라고 말하는 주인이라면 음식에 기본기조차 없는 사람입니다. 어떤 종류의 뼈를 넣어서, 오래 끓여야 한다고 알려주는 것이 컨설팅이라고 생각지도 않습니다. 컨설팅은 '그런 음식은 만들지 말라'고 해야 합니다. 남들도 다 파는 곰국시를 굳이 대학가 앞 작은 식당이, 곰탕 맛으로 먹는 그 국수를 젊은 대학생들에게 팔 이유가 없으니 하지 말라고 해야 합니다.

◆ ◇ ◆

같은 가격대의 이질적인 메뉴를 늘리는 집들을 흔히 봅니다. 육개장 집에서 칼국수를 파는 것입니다. 밥이 있으니, 면도 있어야 한다는 생각 때문입니다. 차라리 '문배동육칼'처럼 하나의 메뉴로 특징 있게 만들어 오직 그것만 팔면 좋은데, 대부분 따로 팝니다. 육칼도 팔고 육개장도 따로 팔고 칼국수도 따로 팝니다. 그냥 육칼 하나면 되는데 그렇게 사서 고생을 자처합니다. 제 골목식당은 단순합니다.

"간판에 걸린 그것에 모든 것을 걸고 만드세요. 대신 남들처럼 평범하게, 적당하게 만들지 마세요. 그래서는 이미 앞선 경쟁자를 따라잡기는커녕 따라갈 수도 없습니다"

메뉴를 2개쯤 만들고 싶다면 이렇게 해야 합니다. 주메뉴(간판에 노출한 메뉴)를 돕는 메뉴로 만드는 겁니다. 주메뉴를 더 맛있게 만들어

주는 곁들임으로 만드는 겁니다. 그래서 매출도 올리고, 손님의 만족도도 높이는 겁니다. 그게 뭐냐고요? 어렵게 생각하지 마세요. 라면에는 공깃밥 반 공기, 냉면에는 왕만두 1개입니다. 반 공기와 1개일 때 팔립니다. 한 공기를 기어이 팔고, 만두 한 접시로 다가가니 팔리지 않는 겁니다. 8,000원짜리 보리밥에 15,000원짜리 코다리 1마리를 곁들임으로 팔면서 줄 세우는 식당도 있지만, 진짜 사람들이 버글거리는 식당은 8,000원짜리 보리밥에 4,000원짜리 고등어를 곁들임으로 제안합니다. 부담 없이 시키라기에 그렇게 했더니 보리밥 상차림이 더 푸짐해진다는 것을 손님 스스로 느끼게 해주는 겁니다.

20 _ 마진율로 보지 말고,
마진 크기로 생각하세요

TV에 나오는 전문가들의 조언대로 멋지게 만든 음식 가격을 7,000원에 팔면 4,000원 남기기도 쉽지 않습니다. 음식은 잘 줘야 하고, 판매가는 적어야 하니 어쩔 수 없이 박리다매를 바라봐야 합니다. 물론 그렇게 해서라도 인생 역전의 매출이 이뤄진다면 고마운 일입니다. 그러나 사람은 욕심의 동물입니다. 그래서 초심을 잃기 쉽습니다. 고생에 비해 얻어지는 수고가 크지 않기 때문에 가격을 조정하거나 양을 줄이는 겁니다. 그건 아주 당연한 수순인지 모릅니다. 골목식당은 결국 초심의 싸움인지 모릅니다. 그래서 저는 박리다매를 권하지 않습니다. 장사가 잘되어도 변할 것을 아니까, 그나마 덜 변심할 셈을 알려주는 것입니다. 물론 그 셈을 보여줘도, 결과가 좋아도, 초심을 잃는 사람들은 역시나 마찬가지입니다.

◆ ◇ ◆

돈까스를 7,000원에 팝니다. 팔릴 만한 가격입니다. 그걸 팔면 4,000원 남습니다. 잘 주려고 하니 그 정도 남습니다. 마진율은 60%가 채 되지 않습니다. 하지만 처음에는 잘 팔렸는데 매출이 점점 떨어집니다. 매력이 막강하지 못한 탓인가 봅니다. 그래서 저에게 SOS를 청했습니다. 저는 그 집에 가서 9,000원짜리 돈까스로 팔라고 합니다. 그리고 7,000원에 팔았다 생각하라고 합니다. 7,000원 팔았을 때의 이익 4,000원만 생각하라고 말입니다. 그러면 돈까스에 들어가는 원가는 무려 5,000원이 됩니다. 음식의 매력이 당연히 높아질 수밖에 없습니다. 4,000원이 남는 것은 똑같은데 손님은 줄지 않습니다. 원가 3,000원이 투입된 돈까스와 원가 5,000원이 투입된 돈까스가 같을 리 없으니까요.

만원을 받으면 닭갈비는 200g을 주지만, 13,000원을 받으면 닭갈비를 1인분에 400g 줄 수 있습니다. 만원을 받으면 코다리 1마리를 줘야 하지만, 15,000원을 받으면 코다리 2마리를 줄 수 있습니다. 식당이 원래의 1인분을 팔았을 때 남는 마진 크기만 생각하면 경쟁자보다 훨씬 매력적인 상차림을 꾸밀 수 있습니다.

◆ ◇ ◆

오직 판매가를 기준으로 마진율을 생각하는 것은 어리석은 셈법입니다. 마음이 편한 셈은, 내가 취하고 싶은 이익금만 생각하는 겁니다. 알탕 8,000원짜리를 팝니다. 그리고 12,000원짜리 갈치조림도 팝니다. 알탕은 하루에 50개 나가고, 갈치조림은 하루에 5개가 나갑니다. 알탕 하나를 팔면 5,000원이 남고, 갈치조림은 1인분에 8,000원이 남습니다(1마리 3,000원 냉동갈치). 그런데 하루에 겨우 5개 팔릴 뿐입니다. 갈치조림 먹으러 오는 식당을 하고 싶은데 마땅한 묘책이 없습니다. 줄 서는 갈치조림 집에 물어본들 알려줄 리 없습니다.

하지만 어렵지 않습니다. 갈치조림을 팔아서 알탕만큼만 남기겠다고 마음먹으면 됩니다. 갈치조림을 팔아도 5,000원만 남으면 된다고 마음을 바꾸는 겁니다. 현재 4,000원이던 갈치조림 원가를

7,000원으로 늘리는 겁니다. 그래서 갈치조림도 5,000원만 남기는 겁니다. 알탕은 5,000원 남으면 좋은 이익이고, 갈치조림은 왜 억울한 이익일까요? 생각하기 나름입니다. 생각을 고쳐서 알탕도 50개, 갈치조림도 50개 팔려야 합니다. 심지어 역전될 수도 있습니다. 알탕은 50개 그대로인데, 갈치조림이 100개나 팔릴 수도 있습니다. 12,000원짜리에 재료비가 7,000원이나 들어간 갈치조림은 본 적이 없을 테니 손님이 몰리지 않을까요?

이것이 바로 제가 누누이 주창하는 '떡라면론'입니다. 라면 4,000원, 떡라면 4,500원일 때 떡라면이 더 팔려야 그 라면집이 살아남는다는 겁니다. 더 남기자고 만든 떡라면은 의미 없습니다. 500원 더 비싼 떡라면에서 400원 더 남겨본들 티끌이 태산이 되지 않습니다. 떡라면을 팔면 라면을 팔 때보다 겨우 100원만 더 남으면 된다는 각오를 가져야 합니다. 그래야 라면을 압도하고 떡라면 위주로 팔 수 있습니다. 다른 라면집 가는 게 손해라는 생각이 들게 됩니다. 마찬가지로 팔리지 않는 갈치조림은 있으나 마나 한 겁니다. 아주 간단하게 생각을 바꿔 그나마 잘 팔리는 알탕을 갈치조림이라 생각하고 갈치조림 이득의 셈법으로 바꾸면 희망을 꿈꿀 수 있는 메뉴로 탈바꿈하는 겁니다.

21 _ 주어를 바꾸면
가치가 달라집니다

'아 다르고, 어 다르다'는 말이 있습니다. '예'라고 대답하는 것과 '네'라고 대답하는 것이 다르게 느껴집니다. '네'와 '넹' '넵'도 다른 느낌입니다. 우리말은 조사 하나, 토씨 하나에도 어감이 상당히 달라집니다. 그런데 식당은 어설프기 그지없습니다. 쌈밥이라고 해놓고 쌈은 겨우 상추와 깻잎이 전부입니다. 그러니 손님은 속았다고 생각합니다. 회덮밥을 시켰는데 회를 찾아야 하니 화가 나는 겁니다. 떡라면이라고 돈을 더 줬는데 떡이라고 겨우 반 줌 7~8개가 전부이니 짜증이 나는 겁니다. 회덮밥은 회가 많이 들어 있어야 합니다. 싸게 파는 대신 회를 덜어내라고 한 사람은 아무도 없습니다. 아구찜은 콩나물찜이 아닙니다. 식자재 중에서 싸기로 유명한 콩나물찜을 누가 3~4만원이나 주고 사먹고 싶을까요?

세트라는 표현도 자살골에 가깝습니다. 정식도 역시나 마찬가지입니다. 세트로 구색을 맞추려니 여러 가지 음식을 만들어야 합니다. 정식이 되어야 하니 국물도 있어야 하고 반찬도 그럴듯해야 합니다. 결국 주방에서 많은 일손을 견뎌야 합니다. 고생을 자처하고, 빨리 망하는 길을 스스로 재촉할 뿐입니다. 2,000~3,000원 더 받자고 세트를 만드는 것이나, 정식으로 표현을 바꿔 겨우 2,000~3,000원 더 내라고 하는 것은 정말 어리석은 일입니다. 그럴 필요 없습니다. 그냥 기대감을 주는 일(메뉴명)부터 하지 않으면 됩니다. 식당 스스로 세트의 기대감을 주고 그것을 만족시키려고 하니 어렵고, 식당이 먼저 정식이라는 표현을 쓰고 손님의 기대에 맞추지 못하니 욕을 먹는 겁니다. 오히려 기대감이 없으면 작은 놀라움에도 반응합니다. 바로 그걸 노려야 합니다.

◆ ◇ ◆

그리고 잊지 말아야 합니다. 삼선짬뽕은 일반 짬뽕보다 확실히 뛰어나야 합니다. 그리고 우동은 빨갛지 않아야 합니다. 빨간 우동은 원래 태생이 빨간 짬뽕을 이길 수 없습니다. 빨간 우동을 만들어서 이기려는 고민보다는, 우동의 고명으로 풀어야 합니다. 흔한 조각 튀김이 올라간 우동은 매력이 없습니다. 닭다리 튀김이 통째로 올라가는 것이 빠릅니다. 오징어덮밥은 오징어가 듬뿍 올려져야 합니다. 오징어가 비싸서 오징어를 많이 넣을 수 없다는 것은 식당의 핑계일 뿐입니다. 오징어 값 때문이라면 오징어가 들어간 메뉴를 팔지 않든가, 오징어를 넉넉히 넣어주고 정당하게 값을 더 받아야 합니다. 그것이 식당이 살 길, 고치면 나아질 길이 됩니다.

22 _ 온리원부터 스킨십까지
그리고 첫인상

    온리원(Only One)을 팔면 저절로 식당이 좋아질 거라는 믿음은 환상입니다. 식당이 나아지는 데는 도움이 되지만 절대적인 것은 아닙니다. 장사의 최고봉은 '스킨십'입니다. 스킨십이 뛰어나면 온리원이 아니어도 번성합니다. 한 번 온 손님을 알아채는 눈썰미 하나면 식당으로 부자되기는 의외로 쉽습니다. 그건 정말 타고난 능력이고 행운입니다.

◆ ◇ ◆

　온리원은 맛을 보장해 주는 증표 역할을 합니다. 다른 것은 팔지 않는 이유가 그것만 잘해서일 수도 있고, 다른 것은 아예 못 만든다는 고백일 수도 있습니다. 어느 쪽이든 손님은 한 가지를 내미는 식당에 관대합니다. 마음도 엽니다. 맛이 덜하더라도 노여워하지 않습니다. 최선을 다한다는 것이 느껴지면 말이죠. 그 한 가지 음식의 맛을 도와주는 것이 바로 '담음새'입니다. 여러 가지를 팔면 메뉴마다 담음새에 신경 쓰기 어렵습니다. 하지만 한 가지만 팔면 한 가지 음식을 돋보이게 하는 담음새는 저절로 좋아지게 마련입니다. 물론 그 방도를 알아야 하겠지만 말이죠. 큰 그릇을 사용하는 것은 참 쉬운 방책입니다. 그릇의 디자인과 색상을 통일하지 말아야 한다는 것도 미처 몰랐을 수 있습니다. 주방에서 관리하기 쉬운 그릇이어서는 안 됩니다. 손님이 맛있게 먹을 수 있는 그릇이어야 합니다.

◆ ◇ ◆

　그리고 무엇보다 중요한 것은 홀 서빙의 역할입니다. 홀이 잘해야 합니다. 아무리 맛있는 음식을 주방에서 만들어도 홀에서 잘못하면 헛수고가 됩니다. 그래서 주인이 홀에 있어야 하고, 홀에서 모범을 보여야 합니다. 손님이 맛있게 먹도록 말 한마디에도 마음을 담아야 합니다. 마음이 없는 서빙은 로봇이 건네는 음식과 다를 바 없습니다. 그래서 주인은 늘 관심을 가지고 손님을 살펴야 합니다. 주인이 홀을 지켜야 하는 데에는 이유가 있을 수 없습니다. 하지만 팔짱을 끼고 있는 주인, 카운터나 지키는 주인은 있으나 마나입니다. 아무런 도움도 되지 않고 아무런 희망도 가질 수 없습니다. 그런 관점에서 보면 부부가 하는 식당이 좋습니다. 둘 중에 조금 더 살가운 성격, 넉살 좋은 쪽이 홀을 관리하는 겁니다. 주인이 직접 나서면 손님을 내 편, 내 식당 편으로 만드는 데 꽤 유리합니다.

그저 한 가지 메뉴에 충실하다고, 원가를 무려 55%나 들여서 퍼준다고, 담음새도 돈 주고 배운 대로 잘한다며 정작 주인이 할 일을 게을리하는 식당이 간혹 있습니다. 가장 중요한 부분을 간과했다는 사실조차 모르는 것이 안쓰럽습니다. 주인은 눈이 피곤해야 합니다. 하루 종일 손님을 유심히 지켜보았으니 말입니다. 주인은 입이 아파야 합니다. 손님에게 과하지 않는 선에서 말을 걸고, 말로 인심을 얻느라 저녁이 되면 입술이 마를 정도여야 합니다. 주인은 발이 부어야 합니다. 손님에게 다가가느라 하루 종일 종종걸음을 쳤으니 말입니다. 그래서 식당 주인은 아무나 해서는 안 되는 겁니다. 눈도, 입도, 발도 아프지 않는 주인이야말로 식당의 가장 암울한 미래입니다.

◆ ◇ ◆

한 가지를 팔지 않아도, 주인의 스킨십이 없어도 첫인상에서 강렬함을 준다면 고생을 덜 수 있습니다. 대부분의 식당은 첫인상에서 실패합니다. 3인분 양의 동태탕을 줬는데 손님이 놀라지 않고, 2인분 양의 고등어조림을 줬건만 휴대폰 카메라를 켜지 않습니다. 이유는 뻔합니다. 손님이 생각한 만큼이기 때문입니다. 손님이 예상한 대로 나왔으니 사진을 찍지 않는 겁니다. 뻔한 단무지도 손댈 수 있지만, 귀찮으니 그렇게 하지 않습니다. 어떤 주인은 처음에 듬뿍 주면 남길 거라 생각하고, 다 먹고 더 달라면 준다고 변명합니다. 메뉴판에 '모자라면 추가됩니다'라고 써두지도 않고 그런 변명을 할 때는 어처구니 없습니다.

하나 모자라게 주는 것도 몹쓸 병입니다. 보쌈의 고기와 김치의 양이 어긋난 건 상술이 아닙니다. 그걸 재주라고 표현해서는 곤란합니다.

백화점 식당가에서 값을 따지지 않을 거라는 것은 주인의 착각입니다. 그래서 백화점, 쇼핑몰, 마트에 손님이 수천 명이 다녀가도 그 안의 식당가는 한산하기 그지없습니다.

첫눈에 반하게 해 줘야 합니다. 어떤 메뉴이든 간에 '와' 소리가 나오게 해 줘야 합니다. 오르는 물가 탓을 해서는 안 됩니다. 최저시급 인건비를 탓해서는 안 됩니다. 판매가를 올리면 됩니다. 가격을 올리면 손님이 오지 않을 거라고요? 물론 당장은 그럴 수 있습니다. 그러나 고비를 견디면 손님은 비싸도 제대로 먹을 수 있는 집에 반드시 몰립니다. 당신이 손님으로 잘 가는, 일부러 찾아가는 식당을 생각해 보면 압니다. 그 식당은 분명 비쌉니다. 그러나 만족도가 높습니다. 기왕 먹을 거면 거기서 먹어야 손해가 아니라는 판단으로 줄을 섰던 겁니다. 그게 바로 식당이 가야 할 길입니다. 대한민국의 식당은 음식을 너무 싸게 팔아서 힘들거나, 제값에 정당한 재료비를 쓰지 않아서 힘들거나, 이 2가지 경우가 제일 흔합니다. 쉽게 고치고 개선할 수 있는데 못하는 것을 보면 안타까울 뿐입니다.

식당을 차려 가난해졌다

식당을 차리지 않았더라면 하는 후회를 하는 분들이 있을 겁니다. '할 거 없으면 식당이나 하지'라는 말이 뼈에 사무치는 분들이 있을 겁니다. 맞습니다. 하지 말았어야 합니다. 지금처럼 할 거면 절대 하지 말았어야 했습니다.

생전 해본 적도 없는 식당을 차리겠다고 덤비면서 책 30권도 보지 않았습니다. 하루에 한 권씩 한 달이면 30권을 읽을 수 있었을 텐데, 읽지 않았습니다. 어떤 아이템이 좋을까 생각만 했지, 그 아이템이 왜 좋을지는 확인하지 않았고, 내가 과연 그걸 해낼 수 있을지 미리 식당에서 반년이라도 일해보지 않고 무작정 식당을 차렸습니다. 하고 싶은 메뉴가 결정되면 그걸 다른 식당들은 어떻게 파는지, 최소 3개월은 전국은 고사하고 자신이 살고 있는 도시의 식당이라도 돌아봤어야 했습니다. 다르게 파는 장사법은 없는지, 전문가들은 어떻게 팔라고 하는지 적어도 세 사람 정도는 찾아가서 물어봤어야 했습니다. 내 인생을 걸고 하는 식당인데, 자리를 찾으려고 100개쯤의 매물도 보지 않았습니다. 오픈하기 전에 내가 팔 음식을 50번도 만들어 보지 않았습니다. 한 것보다는 안 한 것이 훨씬 더 많았습니다. 그러고는 열에 둘이 겨우 살아남는다는 음식 장사에 덜컥 뛰어든 겁니다. 그래서 가난을 자초한 겁니다. 30권, 한 달, 6개월, 3명, 100개, 50번만 했더라면 좋았을 텐데 말이죠. 그게 뭐 어렵고 귀찮고 돈이 든다고 하지 않았을까 후회가 클 겁니다.

식당을 차려 가난해지기 싫다면 생각을 바꾸세요. 한 그릇 마진의 크기를 생각하지 마세요. 한 테이블에서 남는 이득을 생각하지 마세요. 어떡하면 저 손님을 또 오게 할까 그것만 생각하세요. 그러려면 지금보다 훨씬 더 잘 줘야 할 겁니다. 잘 주려면 재료비를 높여야 할 겁니다.

그리고 이제 습관을 고치세요. 재료비가 늘었으니 판매가도 올려야 합니다. 적당히 팔릴 만한 싼 가격표는 이제 지워야 합니다. 싸게 팔아서 오게 하는 방식은 과감히 버려야 합니다. 비싸지만 손님에게 이득인, 그래서 손님이 재방문을 할 수 있는 셈을 하는 습관으로 바꿔야 합니다.

마지막으로 달라진 태도로 표현하는 겁니다. 손님과 아는 사람이 되어야 합니다. 나와 아는 사람이 되어야 또 옵니다. 손님이 주인인 나를 알고 싶게끔 해줘야 합니다. 그러자면 먼저 주인이 다가가야 합니다. 주인이 살을 먼저 내줘야, 손님의 뼈를 취할 수 있습니다.

장사를 어렵게 생각할 것도 없습니다. 마케팅을 모른다고 장사가 뒤처지는 것도 아닙니다. 마음이 바뀌면 됩니다. 생각을 고치고, 태도까지 고치면 됩니다. 자연스럽게 이타적인 습관을 가지면 먹고 사는 일은 얼추 해결됩니다. 지금은 큰 성공이 필요하지 않습니다. 먹고살 만한 여유가 우선입니다. 그것도 하기 힘든데, 성공이 손에 잡힐까요. 성공의 크기를 낮추세요. 제발 크게 잡지 말아주세요. 수년 전 어떤 부자가 현금 30억원에서 30%쯤 남았다고 하더군요. 그래서 제가 그랬습니다.

"그럼 아직 10억원은 남아있다는 말인데, 여기서 멈추세요. 그럼 인생의 목표를 이미 달성한 겁니다. 이제부터 일은 멈추고 가족들과 즐기세요. 그러자고 모은 돈 아니었나요."

　17권의 책을 쓰는 데 22년이 걸렸습니다. 31세에 첫 책을 내고, 이제 53세가 되었습니다. 식당은, 창업은 제 인생이기도 합니다. 22년을 해보니 목표를 낮추면 행복은 바로 옆에서 웃고 있더군요.

대전에서 이경태

부록

[컨설팅 보고서]

냉면집,
이렇게
바꿔 드립니다

4개월은 칼국수, <8개월 냉면>

물냉면은 팔지 않습니다. 원하는 손님에게는 육수를 주면 됩니다.
보통과 곱빼기는 없습니다. **애초에 추가사리를 내어 줍니다. 그것도 멋지게!**
기본적으로 **코다리냉면이 4번 타자**입니다.
18번은 파김치입니다(반찬으로 나가진 않습니다).

코다리냉면 10,000원
파김치 5,000원
코다리무침 5,000원

4개월 새우매운탕칼국수 10,000원
군만두 5,000원

11시 오픈하고 7시 주문 마감(7시 반 퇴근)

물냉면도 팔지 않는 온리원 냉면 집!!
곱빼기, 사리 추가가 없어도 되는 냉면 집!
파김치 때문에 색달라 더 맛있는 냉면 집!
겨울엔 처음 보는 새우매운탕칼국수가 끌리는 냉면 집!

> 사리를 많이 주면 → 코다리가 모자람 → 추가
> 코다리 가격이면 → 파김치도 주문함 = 색다른 맛

재건냉면집
진주냉면 모양! 사천냉면 맛!

비냉에 육수 듬뿍 주면 이런 냉면이 됩니다

보기만 해도 시원한 수박 냉면
재미는 있겠지만, 데일리는 못 됩니다

참신합니다. 파냉면!
느낌을 찾아볼 만합니다

데일리로 먹기 힘듭니다
가격도 그렇고, 손이 많이 갑니다

독특하고 중독성 강한 간장 냉면

우리는 기본적으로 빨갛고, 매운 맛을 선호합니다

요건 고민해 볼 만합니다
반은 비냉으로, 반은 물냉으로 먹게끔

짬뽕냉면, 돈까스냉면?
너무 비틀지 않습니다
정통 비빔냉면 맛으로 승부합니다
삼〇냉면의 매운 맛처럼

수타로 뽑지 않아도 될 만큼의 고품질 공장 면을 선택합니다.
빨간 양념을 완성합니다. 코다리무침 역시 새콤달콤해야 합니다.

용인, 〇〇코다리냉면의 회무침이 인상적(5,000원 추가)이었습니다.
구리, 〇〇참코다리냉면은 메뉴가 여러 개인데도, 여름엔 돈을 긁습니다.

기존의 코다리냉면은 양이 많지 않습니다(그래서 곱빼기나 사리 추가가 있습니다).
전에 삼〇냉면이 230g을 주고 양이 많다는 소리를 들었습니다.
그 양을 별도의 사리를 내어 줌으로 더 생색을 내는 겁니다.
(혹은 앞의 사진처럼 사리 2덩어리로 주는 방식도 해봅니다. 1인분에 230g 양으로)
맛보기 파김치도 내줍니다. 맛보기용입니다. 1인당 한 줄씩 파김치.

냉면 집은 겨울이 두렵습니다. 삼〇냉면도 그래서 칼국수로 간판 자체를 바꿨습니다.
우리에겐 **새우매운탕칼국수**가 있습니다. 흔하지 않은, 어쩌면 처음 보는 그런 칼국수.
그걸로 겨울을 버티면 됩니다. 주방에 일손이 덜어져 더 좋습니다.
A급 만두 200원짜리 8개 구워주고 5,000원(혹은 닭불고기 그대로 카피)
〇〇 굴이에서 100원짜리 만두 10개 3,000원 주면서 매출이 30%나 뛰었습니다.

3대째 70년을 하는 냉면집을 갔습니다.
역시나, 이곳도 겨울을 버티기 위한 메뉴를 가지고 있습니다.

겨울 메뉴의 시작은 10월 중순부터입니다.
그 말은 결국 10월까지도 냉면이 팔린다는 뜻입니다.

오래전 장○○막국수를 만들 때도 겨울이 걱정이었습니다.
여름이 길어 매출이 좋아도, **겨울 4달이 문제였습니다.**
그래서 <u>육개장떡국을 개발하라고 했었습니다.</u>

그런데 그게 느닷없이 거든해졌습니다.
바로 새우매운탕칼국수 탓입니다.

장사론이 깊어지고, 메뉴를 보는 직관이 깊어지면서
더없이 좋은 겨울 메뉴로 '새우매운탕칼국수'가 딱이었습니다.

공장만두 5알에 6,000원.
역시나 70년 노포도 이 공식을 못 벗습니다.
만두에서 남기려고 듭니다. 시키지 않으면 그만인데 말이죠.
최상품 만두도 아닌 걸 팔아서 어쩌자는 걸까요?

남들 다 파는 만두는 팔지 않습니다.
물냉면도 팔지 않고, 만두도 팔지 않습니다.
그래서 특별해짐을 차라리 선택합니다.

비빔냉면도 코다리비빔냉면으로 갑니다.
원래 회냉면이 제일 비싼 냉면입니다.
원가를 갖고 놀기에는 고명으로 코다리가 좋습니다.
'삼○냉면'은 싼 가격(당시 냉면 3,500원)이 무기였지만
'8개월 냉면'은 가성비가 무기여야 합니다.

코다리 때문에 더 맛있는 냉면 집!!
파김치 반찬에 싸먹어 그 맛이 색다른 냉면 집!!

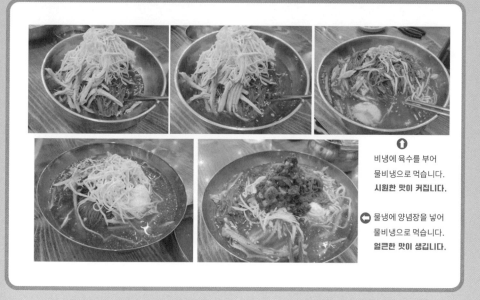

비냉에 육수를 부어
물비냉으로 먹습니다.
시원한 맛이 커집니다.

물냉에 양념장을 넣어
물비냉으로 먹습니다.
얼큰한 맛이 생깁니다.

비냉에 닭육수를 2컵 섞으니
본연의 비냉에 시원함이 배가 됩니다.
비냉에 육수 들백으로 시원한 기분이 보태집니다.

물냉에 다대기를 섞으니
기존의 깔끔 육수에 얼큰한 맛이 보태집니다.
그런데 그렇게 끌리는 맛은 되지 않습니다.

물냉을 만들면, 육수가 강해야 합니다.
물냉의 경쟁력을 위해 차별화 맛을 키워야 합니다.
그런데 그게 어렵습니다. 쉽지 않습니다.

평양냉면 같은 고퀄이 아니면, 삼O냉면도 그래서 포기했던 겁니다.
"물냉은 흉내만, 진짜는 비냉으로 승부하자"

이렇게 냉면 집 컨셉을 구상한 것이 5월이었고
9월 역곡시장에 <8개월 냉면>이 오픈합니다.

'파김치' 컨셉에서 '선지국'으로 컨셉이 바뀌었습니다.
시장 옆 입지라서 선지국이 더 매력적으로 느껴졌습니다.

실제 가게가 변하는 모습을 그대로 보여드리겠습니다.

현재도 회냉면은 9,000원에 팔고 있고, 그 여러 메뉴에서 냉면 값 8,000원 받았는데
8,000원보다는 1만원 받자는 게 내 생각입니다. 새우칼국수도 1만원 받을 거니까요.

냉면 1만원 받고, 2,000원(둘이면 4,000원)으로 마음을 빼앗기로 합니다.
그랬으면 좋겠습니다.
그래서 손님이 앉으면 코다리무침 주는 것보다 더 큰 걸 내주기로 합니다.
<u>코다리 미리 먹고, 또 냉면에 올라간 코다리를 먹어서 좋을 건 없습니다.</u>

즐거운 요리/사계절 반찬
식탁위에 효자반찬 냉면양파무

냉면에 선지국?

뜬금없이 선지국이 생각나네요.
불고기전골은 줘봤고, 덜 힘들게 장사도 했음 싶고,

끓여놓고 퍼주는 선지국이 시장과도 어울리고
시원한 냉면에 뜨끈한 선지국 조합이 의외로 신선할 것 같습니다.
이게 또 먹히면, 누가 이런 기발한 생각이냐 할 겁니다.

남들 다 주는 냉면무김치보다 양파김치도 인상적이고
매력적일 거 같습니다.

원래 로고체에는 그림도 있고, 잔 글씨도 있지만
간판을 만들 때, 특히 바에 붙일 때는 그림은 빼는 게 낫습니다.
글자로 읽혀야 기억되기 쉽고, 비용도 절감됩니다.

물냉면은 팔지 않지만!
냉육수는 듬뿍입니다.

갈색바탕으로 해야 방부목 느낌이 날테니
갈색에 흰 글씨로 글자에 포인트를 줍니다.

간판은 여러 개를 다는 것보다
궁금증을 유발시키게 만들면 됩니다.

새우매운탕에
칼국수 한그릇

기대하세요~

**냉면이
생각날 때
진짜, 냉면이
생각날 땐**

한겨울엔
냉면 끝
11월~2월은
새우칼국수

이런 식으로 유리창에 문구를 넣으면
주인이 할 말을 대신합니다.
손님도 읽는 재미와 신뢰로 시작합니다.

역곡시장에 냉면집은!
8개월만 만들고 물냉면도 없습니다.
코다리비냉에+냉육수 2컵 = 물냉 완성

외부만 아니라, 내부에도 이렇게
식당이 하고픈 말을 정리해 보여주면
그 또한 식당을 이해하는데 보람이 됩니다.

**한겨울 4개월은
새우칼국수로 변신**
궁금하심 또 봐요^^

코다리회냉면 (비냉)   10,000원

3월부터 10월까지만 팔아요.

참! 우리집은 물냉면이 없습니다.
양념을 덜고, 냉육수 2컵을 부으면 = 물냉 완성

☞ 혹시! 양이 크시면 곱배기로 청하세요
  1. 드시기 전에 말고(넣기면 서로 볼변)
  2. 드셔보다다 드실 수 있음에
  얼마든지 사리 반주먹 더 드립니다.
  추가 사리값 그거 더 받지 않습니다.

☞ 선지국은 반찬입니다.
  시원한 냉면에 뜨겁게 반한 선지국입니다.
  신선하고, 맛있으면=
  홍보, 손님소개 환영입니당.

4개월 새우칼국수 (1인분)   10,000원

참네임은 새우매운탕칼국수입니다. 한나라 큰대에서 잡은 새우를 씁니다.
한 냄비로 끓여서 제법 양이 많습니다. 3명은 2인분, 4명은 3인분 드셔야 합니다.
3명은 7천원, 4명은 7천5백원을 합니다.
냉면은 3월부터 요이땅 합니다.

11월부터 2월까지만 팔아요.

STORY BOARD 1

주인은 별명이 **빠**고, 동생같은 직원은
별명이 **종팔**이입니다.
동태한그릇 식당을 차리고 어느날, 군대를 갓 제대한
종팔이가 주방일을 하겠다고 찾아왔습니다.
몇달 하다 말겠지 했는데 그 종팔이 나이가 31살입니다.

 그렇게 형제같은 둘이서,
제대로 된 냉면 한그릇을
만들고 있습니다.

STORY BOARD 2

12년전, 역곡에서 수원 영통까지 2시간 전철로
출퇴근을 했습니다.
답소정이라는 작은 식당 냉면이 유독 맛있어서
직장을 퇴사하고 주방에 취직했습니다.
그렇게 냉면집은 12년전 꾸었던 꿈입니다.
저 위쪽! 동태한그릇을 차리고도, 냉면을 같이
팔았던 까닭입니다.

 냉면 하나! 전부를 거는
작은 식당이 8개월 냉면입니다.

249

서울 맛창식당

행당동에
20년 노포 만두전빵이
효자동에
10년을 넘긴 **효자동초밥**이
상암동도
10년을 넘긴 **달콤한어부**가
연남과 신촌에
28살 **청춘식당 포가레**가
그리고 우동집, 닭갈비집, 아구찜
설렁탕, 부대찌개집이 있습니다.

수도권 맛창식당

퇴촌돌짜장은 **전국돌짜장 2호집**이고
청평돌짜장은 나란히 **쌀국수집**도 합니다.
양수리 한옥집은 **수도권 검색량 1등집**
분당엔 10년을 넘긴 **스시생선가게**가
그외에 화로구이, 우동집, 부대찌개
닭갈비, 동태탕, 코다리집이 있습니다.

충청권 맛창식당

청주엔
압도적 주인맛집 **금용**이 있고
유성엔
2천에서 1억의 전설 **도레미아구찜**
세종시엔
나흘만 문 여는 **오늘은 두부**가
대전엔 **닭매운탕**이
끝내주는 한판닭갈비
그리고 삼겹살, 아구찜
부대찌개를 파는
강소 식당들이 있습니다.

호남권 맛창식당

광주에선 택시기사도 아는 **탱고아구찜**
맛창 유일한 게장집도 5일만, 오늘부터 애간장
호회장은 4개의 식당, **마녀닭갈비** 쌰
화순에는 형제가 식당을 한동네서 하고
담양전설 하루 4시간 문여는 **제크**와 돈까스
그리고 한우집, 돼지갈비집, 닭볶음탕
소바에 돈까스, 추어탕, 버섯탕, 갈치조림
광주 호남에는 성공한 식당들이 참 많습니다.

http://www.jumpo119.biz

이경태 의 맛있는 창업

5일 문여는 식당은 다음과 같습니다

탱고아구찜/오늘부터애간장
어쩌다토종닭/화순집/화순은아구다
팔공산닭갈비/꽃잔디식당
도레미아구찜/청평돌짜장

경상권 맛창식당

동서가 운영하며 주 5일 문여는 꽃잔디식당
팔공산닭갈비와 **엄마는돌짜장**은 팔공산 명소집
가창에는 영수가 **가창닭갈비**와 **가창우동집**을
경산에는 감자형이 식당 3개를 합니다.
창원에 30대 백회장도 식당 3개를 하고
부산은 맛창식당 1호점 청사포쌀국수뿐입니다.
오리집과 동태탕, 조개찜도 창원에 있고
영천에도, 울산에도, 맛창식당이 있습니다.

중국 맛창식당

남쪽 항주에는 **서상훈떡볶이**
연길에는 **라궁**과 **라궁불고기**가
있습니다.
심천에는 **반찬가게**가
상해에도 **신당동**이라는 식당이
있습니다.

강원권 맛창식당

삼척 **맹방해수욕장 가는 길**에 삼척수제비
동해 아파트 뒷길에 줄 세우는 동해돌짜장
원주엔 열정의 식당 민병선부대찌개가 2곳
청춘미녀가 주인인 오른발닭갈비가 있습니다.

251

장사, 생각을 바꾸면 인생이 바뀐다

당신의 식당을 바꿔 드립니다

초판 1쇄 인쇄 2022년 9월 20일
초판 1쇄 발행 2022년 9월 30일

지은이 이경태, 정효영
펴낸이 백광옥
펴낸곳 (주)천그루숲
출판등록 2016년 8월 24일 제2016-000049호

주소 (06990) 서울시 동작구 동작대로29길 119
전화 0507-1418-0784 팩스 050-4022-0784 카카오톡 천그루숲
이메일 ilove784@gmail.com

기획 / 마케팅 백지수
인쇄 예림인쇄 제책 예림바인딩

ISBN 979-11-92227-87-0 (13320) 종이책
ISBN 979-11-92227-88-7 (15320) 전자책